国家出版基金项目
NATIONAL PUBLICATION FOUNDATION

中宣部2022年主题出版重点出版物

"十四五"国家重点图书出版规划项目

纪录小康工程

# 全面建成小康社会

## 天津影像记

TIANJIN YINGXIANGJI

本书编写组

天津出版传媒集团

天津人民出版社

丛书策划：王 康 杨 舒 郑 玥

责任编辑：李佩俊

特约编辑：韩玉霞

封面设计：石笑梦 明轩文化·王 烨

版式设计：王欢欢 明轩文化·王 烨

**图书在版编目（CIP）数据**

全面建成小康社会天津影像记 / 本书编写组编. ––天津：天津人民出

　版社, 2022.10

（"纪录小康工程"地方丛书）

ISBN 978-7-201-18547-7

Ⅰ.①全… Ⅱ.①本… Ⅲ.①小康建设–成就–天津–摄影集 Ⅳ.①F127.21–64

中国版本图书馆 CIP 数据核字(2022)第 096868 号

**全面建成小康社会天津影像记**

QUANMIAN JIANCHENG XIAOKANG SHEHUI TIANJIN YINGXIANGJI

本书编写组

天津人民出版社 出版发行

（300051 天津市和平区西康路 35 号康岳大厦）

天津海顺印业包装有限公司印刷 新华书店经销

2022 年 10 月第 1 版 2022 年 10 月天津第 1 次印刷

开本：710 毫米×1000 毫米 1/16 印张：14.75

字数：160 千字

ISBN978-7-201-18547-7 定价：52.00 元

邮购地址 300051 天津市和平区西康路 35 号康岳大厦

天津人民出版社发行中心 电话：(022)23332469

# 总 序

## 为民族复兴修史 为伟大时代立传

小康，是中华民族孜孜以求的梦想和夙愿。千百年来，中国人民一直对小康怀有割舍不断的情愫，祖祖辈辈为过上幸福美好生活劳苦奋斗。"民亦劳止，汔可小康""久困于穷，冀以小康""安得广厦千万间，大庇天下寒士俱欢颜"……都寄托着中国人民对小康社会的恒久期盼。然而，这些朴素而美好的愿望在历史上却从来没有变成现实。中国共产党自成立那天起，就把为中国人民谋幸福、为中华民族谋复兴作为初心使命，团结带领亿万中国人民拼搏奋斗，为过上幸福生活胼手胝足、砥砺前行。夺取新民主主义革命伟大胜利，完成社会主义革命和推进社会主义建设，进行改革开放和社会主义现代化建设，开创中国特色社会主义新时代，经过百年不懈奋斗，无数中国人摆脱贫困，过上衣食无忧的好日子。

特别是党的十八大以来，以习近平同志为核心的党中央统揽中华民族伟大复兴战略全局和世界百年未有之大变局，团结带领全党全国各族人民统筹推进"五位一体"总体布局、协调推进"四个全面"战略布局，万众一心战贫困、促改革、抗疫情、谋发展，党和国家事业取得历史性成就、发生历史性变革。在庆祝中国共产党成立 100 周年大会上，习近平总书记庄严宣告："经过全党全国各族人民持续奋斗，我们实现了第一个百年奋斗目标，在中华大地上全面建成了小康社会，历史性地解决了绝对贫困问题，正在意气风发向着全面建成社会主义现代化强国的第二个百年奋斗目标迈进。"

这是中华民族、中国人民、中国共产党的伟大光荣！这是百姓的福祉、国家的进步、民族的骄傲！

全面小康，让梦想的阳光照进现实、照亮生活。从推翻"三座大山"到"人民当家作主"，从"小康之家"到"小康社会"，从"总体小康"到"全面小康"，从"全面建设"到"全面建成"，中国人民牢牢把命运掌握在自己手上，人民群众的生活越来越红火。"人民对美好生活的向往，就是我们的奋斗目标。"在习近平总书记坚强领导、亲自指挥下，我国脱贫攻坚取得重大历史性成就，现行标准下 9899 万农村贫困人口全部脱贫，建成世界上规模最大的社会保障体系，居民人均预期寿命提高到 78.2 岁，人民精神文化生活极大丰富，生态环境得到明显改善，公平正义的阳光普照大地。今天的中国人民，生活殷实、安居乐业，获得感、幸福感、安全感显著增强，道路自信、理论自信、制度自信、文化自信更加坚定，对创造更加美好的生活充满信心。

全面小康，让社会主义中国焕发出蓬勃生机活力。经过长期努力特别是党的十八大以来伟大实践，我国经济实力、科技实力、国防实力、综合国力跃上新的大台阶，成为世界第二大经济体、第一大工业国、第一大货物贸易国、第一大外汇储备国，国内生产总值从1952年的679亿元跃升至2021年的114万亿元，人均国内生产总值从1952年的几十美元跃升至2021年的超过1.2万美元。把握新发展阶段、贯彻新发展理念、构建新发展格局、推动高质量发展，全面建设社会主义现代化国家，我们的物质基础、制度基础更加坚实、更加牢靠。全面建成小康社会的伟大成就充分说明，在中华大地上生气勃勃的创造性的社会主义实践造福了人民、改变了中国、影响了时代，世界范围内社会主义和资本主义两种社会制度的历史演进及其较量发生了有利于社会主义的重大转变，社会主义制度优势得到极大彰显，中国特色社会主义道路越走越宽广。

全面小康，让中华民族自信自强屹立于世界民族之林。中华民族有五千多年的文明历史，创造了灿烂的中华文明，为人类文明进步作出了卓越贡献。近代以来，中华民族遭受的苦难之重、付出的牺牲之大，世所罕见。中国共产党带领中国人民从沉沦中觉醒、从灾难中奋起，前赴后继、百折不挠，战胜各种艰难险阻，取得一个个伟大胜利，创造一个个发展奇迹，用鲜血和汗水书写了中华民族几千年历史上最恢宏的史诗。全面建成小康社会，见证了中华民族强大的创造力、坚韧力、爆发力，见证了中华民族自信自强、守正创新精神气质的锻造与激扬，实现中华民族伟大复兴有了更为主动的精神力量，进入不

3

可逆转的历史进程。今天，我们比历史上任何时期都更接近、更有信心和能力实现中华民族伟大复兴的目标，中国人民的志气、骨气、底气极大增强，奋进新征程、建功新时代有着前所未有的历史主动精神、历史创造精神。

全面小康，在人类社会发展史上写就了不可磨灭的光辉篇章。中华民族素有和合共生、兼济天下的价值追求，中国共产党立志于为人类谋进步、为世界谋大同。中国的发展，使世界五分之一的人口整体摆脱贫困，提前十年实现联合国2030年可持续发展议程确定的目标，谱写了彪炳世界发展史的减贫奇迹，创造了中国式现代化道路与人类文明新形态。这份光荣的胜利，属于中国，也属于世界。事实雄辩地证明，人类通往美好生活的道路不止一条，各国实现现代化的道路不止一条。全面建成小康社会的中国，始终站在历史正确的一边，站在人类进步的一边，国际影响力、感召力、塑造力显著提升，负责任大国形象充分彰显，以更加开放包容的姿态拥抱世界，必将为推动构建人类命运共同体、弘扬全人类共同价值、建设更加美好的世界作出新的更大贡献。

回望全面建成小康社会的历史，伟大历程何其艰苦卓绝，伟大胜利何其光辉炳耀，伟大精神何其气壮山河！

这是中华民族发展史上矗立起的又一座历史丰碑、精神丰碑！这座丰碑，凝结着中国共产党人矢志不渝的坚持坚守、博大深沉的情怀胸襟，辉映着科学理论的思想穿透力、时代引领力、实践推动力，镌刻着中国人民的奋发奋斗、牺牲奉献，彰显着中国特色社会主义制度的强大生命力、显著优越性。

因为感动，所以纪录；因为壮丽，所以丰厚。恢宏的历史伟业，必将留下深沉的历史印记，竖起闪耀的历史地标。

中央宣传部牵头，中央有关部门和宣传文化单位，省、市、县各级宣传部门共同参与组织实施"纪录小康工程"，以为民族复兴修史、为伟大时代立传为宗旨，以"存史资政、教化育人"为目的，形成了数据库、大事记、系列丛书和主题纪录片4方面主要成果。目前已建成内容全面、分类有序的4级数据库，编纂完成各级各类全面小康、脱贫攻坚大事记，出版"纪录小康工程"丛书，摄制完成纪录片《纪录小康》。

"纪录小康工程"丛书包括中央系列和地方系列。中央系列分为"擘画领航""经天纬地""航海梯山""踔厉奋发""彪炳史册"5个主题，由中央有关部门精选内容组织编撰；地方系列分为"全景录""大事记""变迁志""奋斗者""影像记"5个板块，由各省（区、市）和新疆生产建设兵团结合各地实际情况推出主题图书。丛书忠实纪录习近平总书记的小康情怀、扶贫足迹，反映党中央关于全面建成小康社会重大决策、重大部署的历史过程，展现通过不懈奋斗取得全面建成小康社会伟大胜利的光辉历程，讲述在决战脱贫攻坚、决胜全面小康进程中涌现的先进个人、先进集体和典型事迹，揭示辉煌成就和历史巨变背后的制度优势和经验启示。这是对全面建成小康社会伟大成就的历史巡礼，是对中国共产党和中国人民奋斗精神的深情礼赞。

历史昭示未来，明天更加美好。全面建成小康社会，带给中国人民的是温暖、是力量、是坚定、是信心。让我们时时回望小康历程，深入学习贯彻习近平新时代中国特色社会主义思想，深刻理解中国共产党为什么能、马克思主义为什么行、中国特色社会主义为什么好，深刻把握"两个确立"的决定性意义，增强"四个意识"、坚定"四个自信"、做到"两个维护"，以坚如磐石的定力、敢打必胜的信念，集中精力办好自己的事情，向着实现第二个百年奋斗目标、创造中国人民更加幸福美好生活勇毅前行。

# 目 录
# CONTENTS

## 第一篇　发展是小康之源

# 第一篇

## 发展是小康之源

# 发展是小康之源

刘雅丽

稻田，塔吊，广厦楼宇，小桥流水人家，渤海之滨与燕山脚下、太行之畔的协同步伐……

站在进入全面建设社会主义现代化国家、向第二个百年奋斗目标进军新征程重要一年的春天里，"镜观"津城，回望征程，再次打开全面小康走进现实的记忆闸门。一部党的十八大以来，天津坚定不移沿着习近平总书记指引的方向奋力前行的时光卷轴恢宏铺展，一幕全市上下同心同力坚定贯彻新发展理念、坚决落实党中央决策部署的生动图景浮现眼前，一册津沽大地高擎思想火炬，胼手胝足、事不避难，与时代同步奋进拼搏的影像掀开画面……全面小康是全面发展的小康。今天，在这里触摸"全面"轮廓，梳理"发展"影像，"五位一体"全面进步的小康阔步走来——

时光回溯到8年前。2014年新春伊始，京津冀协同发展上升为重大国家战略，一张蓝图引领21万多平方公里土地踏上新的征程。

从滨海—中关村科技园，到宝坻京津中关村科技城；从中交建京津冀区域总部，到中国核工业大学、清华大学高端装备研究院……谁带着疏解北京非首都功能的使命，从北京出发，背负高质量发展的行囊，向津而行？办公楼里思想激荡，项目建设昼夜繁忙，奋斗者的足迹，奏响"双城记"，迸发出"赶考"

小康的强劲动力。

服务"千年大计"，谁赶赴雄安新区？那些工地上挥汗如雨的兄弟，带去了津沽大地的深情厚谊。

京津、京沪、京滨、津兴四条高铁通道联通，津石天津西段、京秦、唐廊一期等高速公路和一批省际接口路建成，津静线市域（郊）铁路首段开工……一份份捷报，一张张缩短时长的车票，映照出三地交通网越织越密，京津冀"三兄弟"越走越近。

协同发展的指针更精准指向惠民。医疗服务便利化窗口越开越多，2021年，京津冀异地就医医保门诊联网直接结算覆盖全市各级各类医院1013家。京津冀东部生态屏障带，津城、滨城间规划736平方公里生态屏障区，植下青绿，投入长远，蓄势未来。绿色生态屏障建设同步推进人居环境整治，让百姓受益……

全面小康，经济发展是基础。答好发展考卷，围绕京津冀协同发展"一基地三区"功能定位，天津如火如荼"施工""蹚路"，小康成色更足——

"大飞机"、"大火箭"、"小汽车"、装备制造、石油化工……具有国际竞争力的天津"制造"，驶出茁壮成长的全国先进制造研发基地，驶进全球"买家"的"购物车"。还有智慧绿色港口、海河产业基金、东疆保税港区……奔跑的"先行者"集体"留影"，为北方国际航运核心区、金融创新运营示范区、改革开放先行区"写真"，定格天津紧跟新发展理念"指挥棒"实现经济转型换挡的瞬间。

围绕"一基地三区"功能定位，天津还铺开"制造业立市"的"图纸"。历史照亮未来，这座因水而生、因工业而兴的城市，用好"看家本领"，2021年，规模以上工业增加值增长8.2%，其中制造业增加值增长8.3%，规模以上工业企业利润总额增长50.7%……数据背后，天津高质量发展的脚步更稳，发展路径更清晰。

创新是高质量发展的源头活水。从"新"阅读，观照今天，不禁要问，天津版"国之重器"有哪些？关键核心技术如何攻关？"卡脖子"难题能否破解？一系列问号，在新一代超级计算机、组分中药国家重点实验室、银河麒麟操作系统、"神工"脑机交互系统等创新"领跑者"的"镜语"中拉直。激活创新内生动力，释放发展无限潜力，天津以科技创新与体制机制创新双轮驱动，锲而不舍，久久为功，将无数问号变为叹号。

令人感叹的不止于此。一张海河英才"合照"、一个政务服务大厅、一届世界智能大会、一张 109 枚公章"剪影"……照片背后是天津引才引资的奔跑姿态，是营商环境不断优化的历程。

全面小康，是物质文明和精神文明协调发展的小康。"相"中天津，浓浓文化气氛——

文惠卡"秒杀"时分、博物馆里重返历史现场、剧场里开心一刻、家门口听场大戏、文明实践中心理论指引……天津文化"家底"厚实，文化繁荣发展，用这个"家底"插好精神文明之"翼"，社会更和谐。

和谐也写在基层社会治理的日志中——

刘台片区的共享晾衣绳、沙柳北路 64 排的烟感报警器、前进村的大片绿地……2020 年 4 月，"飞地"基层社会治理属地化"战役"打响，不到一年，市域内行政区划与管辖权不统一的 546 处"飞地"点位，全部实现压实属地责任等目标任务。看似寻常最奇崛，成如容易却艰辛。这些寻常画面，折射出城市化进程中痼疾顽症的根除之难，浓缩了强将精兵打硬仗的担当与果敢。

日志中还有"520"故事，故事从"矛调"大厅照片说开去。也是 2020 年，5 月 20 日，天津市、区、街道（乡镇）三级社会矛盾纠纷调处化解中心建立，社区（村）调解室铺开，三级矛调四级调处，矛盾调处四级贯通，这成为全国首创。矛调机制"部门联办、访调衔接"，相关部门入驻一个大厅办公，矛盾纠纷"一门"化解。群众少跑了路，由火冒三丈到平心静气的情绪转化多起来，全面小康再添实实在在的"安全感"。

小康全面不全面，生态环境质量很关键——水清岸绿，鱼翔浅底，花团锦簇，鸟影翩跹……一幅幅"绿水青山"画面，为"绿色"这道发展必答题送上答案。2021年，天津全市大气环境质量明显改善，PM2.5平均浓度39微克／立方米，比上年降低20.4%，优良天数264天，增加25天……绿色天津，拔节生长，生态效益正惠及全城百姓。

# 发展新格局

2014 年的早春二月，习近平总书记主持召开座谈会，将京津冀协同发展上升为重大国家战略，广袤的京津冀大地，激荡起催人奋进的发展旋律。8 年来，天津紧紧抓住疏解北京非首都功能这个"牛鼻子"，坚持项目化、清单化抓落实，压茬推进项目落地，在构建跨区域成果转化体系、推动央企与天津战略合作项目落地等方面持续发力，形成梯次继起、扎实推进的良好态势。中交建京津冀区域总部、清华大学高端装备研究院等一大批项目落地，国家会展中心建成启用，滨海—中关村科技园、武清京津产业新城、宝坻京津中关村科技城等重点载体建成，承接能力和吸引力不断增强，亚投行数据综合业务基地、麒麟软件总部、北燃 LNG 等一批优质项目落户。

作为京津冀协同发展三大率先突破领域之一，交通一体化是协同发展的"骨骼系统"，是带动沿线地区经济发展的基础和条件。8 年来，京津冀居民共同的感受是——路好走了，通道多了，出行效率提高了。

为推动林地、湿地、海岸线系统保护，加快构筑京津冀东部绿色生态屏障，天津大力实施"871"生态工程，包括 875 平方公里湿地升级保护、736 平方公里绿色生态屏障建设、153 公里海岸线严格保护。随着工程推进，"津城""滨城"之间生长出一片城市绿洲。

8 年携手并进，8 年协同共赢，京津冀从"三地"到"一家"，抱成团朝着顶层设计的目标接力奋进，把协同发展的壮阔蓝图变成美好现实。

承接北京非首都功能

2016 年 11 月揭牌的滨海—中关村科技园
（马成 周亮 摄）

滨海一中关村科技园的海外人才创新创业大数据平台
（马成 周亮 摄）

滨海一中关村协同创新展示中心越来越引人关注（周伟 摄）

宝坻京津中关村科技城吸引众多企业前来投资兴业（钱进 孙立伟 陈振 焦阳 赵彬 摄）

2019 年 1 月 25 日，位于宝坻区的京津中关村科技城展示中心正式对外开放（钱进 孙立伟 陈振 焦阳 赵彬 摄）

2012 年 3 月，作为天津未来科技城的主要承载区域，滨海科技园基本完成 20 平方公里基础设施主框架（傅桂钢 摄）

2019 年 5 月 19 日，宝坻京津新城众创特区正式开街。众创特区总面积 2.4 万平方米，以构建初创企业、孵化器和总部经济三位一体的产业链为支撑，以商铺和空间的形式重点吸引京津高端科研机构和人才前来创新创业，并配套承接首都教育医疗、科技研发、文化创意、企业总部等功能疏解（钱进 李宏光 摄）

▲ 2019 年 12 月 31 日，建设中的国家会展中心（马成 周亮 摄）

▼ 2020 年 8 月，国家会展中心一期工程主体结构全部验收完成（马成 周亮 摄）

2021 年，国家会展中心迎接中国共产党成立 100 周年（马成 周亮 摄）

2022 年 3 月，中交建京津冀区域总部项目正在加紧施工，预计当年 12 月竣工交付。该地块总建筑面积 16.85 万平方米，结构类型为装配式结构（韦宝发 摄）

产业交通生态深度协同

2020年9月13日，由中铁一局承建的京津冀重点交通工程——京滨铁路宝坻特大桥左线跨引滦入津输水明渠连续梁顺利合龙（张磊 摄）

2021年12月31日，天津至北京大兴国际机场铁路（津兴铁路）跨廊沧高速连续梁合龙，这标志着津兴铁路全线13处跨越公路、铁路、既有沟渠、油气管线的特殊孔跨连续梁全部完成合龙，为2022年全线铺轨奠定了坚实基础（张磊 岳阳 摄）

2017年10月1日，京津城际列车乘务人员与旅客同唱国歌，祝福祖国繁荣昌盛（图片由中国铁路北京局集团有限公司提供）

▲ 2019 年 10 月 15 日，津石高速公路首联现浇梁顺利浇筑，标志着津石高速公路上部施工全面展开（张磊 摄）

▼ 2020 年 11 月 20 日，津石高速公路西段顺利完成交工验收（张磊 摄）

▲ 2022年1月28日，津石高速公路天津东段主线实现通车。该线采用高低分幅的路基设计方案，在国内公路建设领域尚属首次（张磊 摄）

▶ 天津中心城区至静海的市郊铁路是天津第一条市郊铁路。国际医学城站至团泊西站区间桥梁全长2760米，2022年3月，该区间桥梁桩基浇筑全部完成，标志着区间将全面进入桥梁下部结构施工阶段，为项目整体如期完工打下坚实基础（张磊 摄）

▲ 随着天津市绿色生态
屏障建设有序进行，
位于津南区的辛庄
湾、咸水沽湾片区满
眼翠色，风景如画。
图为津南区绿色生态
屏障起步区（吴迪 摄）

▶ 津南区绿色生态屏障
双桥河湾片区（吴迪
摄）

▲ 津南区绿色生态屏障辛庄湾片区
（吴迪 摄）

◀ 津南区绿色生态屏障起步区
（吴迪 摄）

◀ 2019 年 3 月 20 日，作为天津市当
年 20 项民心工程之一的生态屏障造
林绿化工程全面展开（张磊 摄）

东丽湖街道 68.72 平方公里面积均位于双城之间绿
色生态屏障建设区内。截至 2020 年 9 月，东湖区
域内绿化面积达 842 万平方米，栽植乔灌木百万余
株（王津 摄）

▲ 2021 年，津南区建成绿屏·八里湾（马成 戴涛 周亮 摄）

▼ 站在绿屏·八里湾的中心瞭望塔上，眼前一片天蓝地绿、水清云翔、鸟鸣荷香、稻浪千重，方
　寸之间尽显人与自然和谐共生（马成 戴涛 周亮 摄）

总面积 5.6 万平方米的七彩花田，是在中心城
区和滨海新区双城间绿色生态屏障区建设中打
造的多种生态景观之一（王涛 摄）

▲ 2020 年 5 月 29 日，天津至广西钦州集装箱直达航线开通运营（周伟 李四航 摄）

▼ 2021 年 10 月 14 日，天津地区首次进行铁路桥梁机
械化清筛施工。此次施工通过对铁路桥梁的大机清筛
作业，全面改善桥梁道床排水性能，恢复道床弹性，
消除设备隐患，达到"清淤通络"功效，确保动车及
重载列车安全平稳通行（张磊 李佳骏 摄）

▲ 张北至雄安 1000 千伏特高压交流输变电工程，天津送变电公司承担第四标段的施工工程。2020 年 1 月，组塔接近尾声，架线全面展开。该工程是建设冬奥会配套电网清洁能源外送工程之一（曹彤 摄）

◀ 天津送变电公司的工作人员正在紧张施工（曹彤 摄）

# 城市新定位

2015 年 4 月 30 日，习近平总书记主持召开中央政治局会议，审议通过《京津冀协同发展规划纲要》（以下简称《纲要》）。《纲要》明确，天津的功能定位是：建设全国先进制造研发基地、北方国际航运核心区、金融创新运营示范区、改革开放先行区。

制造业是实体经济的主体，也是天津的基础产业。在新发展阶段，天津抓住实体经济不放，强调制造业立市，回归制造为本。制造业立市战略确立，制造强市建设三年行动计划出台，12 条产业链集中攻坚……全国先进制造研发基地建设如火如荼。天津着力构建以智能科技产业为引领，生物医药、新能源、新材料等新兴产业为重点，装备制造、汽车、石油化工、航空航天等优势产业为支撑的"1+3+4"现代工业产业体系。

围绕"一基地三区"功能定位，天津打造世界一流智慧港口、绿色港口，天津港集装箱年吞吐量突破 2030 万标箱，海铁联运超 100 万标箱，创出历史最好水平；提升金融服务实体经济水平，商业保理公司资产总额、发放保理融资款余额居全国第一，飞机、国际航运船舶、海工平台的租赁和处置业务规模占全国总量的 80% 以上，成为全球第二大飞机租赁聚集区；推动区域要素市场一体化改革，打造全国领先的营商环境，除特殊事项外，100% 的政务服务事项实现"一网通办"，网上实办率达到 98%……

改革不停顿，开放不止步，天津大有可为。

全国先进制造研发基地

2020 年 10 月，由天津中环半导体股份有限公司研发的"12 英寸半导体硅片"项目，实现了具有自主知识产权的完整成套 12 英寸硅片加工工艺，打破国外垄断的局面，实现了中国企业参与全球化集成电路 12 英寸硅片的竞争，为实现"中国芯"作出贡献（张磊 摄）

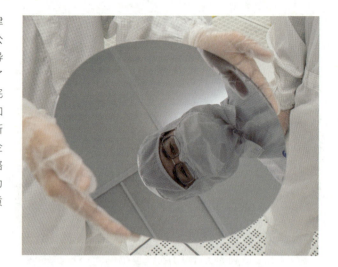

2021 年 6 月 4 日，世界首台大直径超小转弯硬岩隧道掘进机"抚宁号"在中铁装备天津公司成功下线（王涛 摄）

▲ 2019 年 6 月，位于滨海高新区的奇虎 360 天津创业平台项目主体完工，进入机电与幕墙安装阶段（张磊 摄）

▶ 2018 年 5 月 11 日，紫光云全国总部落户天津（王涛 摄）

◀ 2020 年 3 月 20 日，麒麟软件成立大会在天津礼堂举行，麒麟软件总部正式落户天津。图为麒麟软件推出的银河麒麟服务器操作系统（王涛 摄）

◀ 2012 年 2 月，中国航天科技集团载人空间站等超大型航天器项目落户天津滨海新区。图为超大型航天器研发中心的卫星模型（王涛 摄）

▼ 2012 年 8 月，航天精工（天津）制造有限公司紧固件国产化生产线项目正式投产。由该公司自行设计、研发、生产的民用飞机专用紧固件产品，被国内多家航天企业所采用（张磊 摄）

2016 年 9 月 15 日，由中国电子科技集团第十八研究所（天津电源研究所）研发的电源系统太阳电池阵随同天宫二号空间实验室，在酒泉卫星发射中心一同发射升空。图为太阳电池（张磊 摄）

2014 年 12 月，由天津航天长征火箭制造有限公司研制生产的长征五号和长征七号系列运载火箭研制工作接近尾声。两枚运载火箭具备无毒、无污染、高性能、低成本和大推力的优点，有助于天津市成为新一代运载火箭最重要的研发生产基地（张磊 摄）

2020 年 12 月 29 日，首架空中客车天津总装 A320neo 飞机交付（王涛 摄）

2021年6月，经过几年的努力，天津渤海化工集团有限责任公司"两化"搬迁开发区南港工业区改造项目（一期）进入收尾阶段，项目以"智能制造2025"为指导思想，以数字工厂、智能工厂助力高质量发展和转型升级为目标。图为厂区鸟瞰（王涛 韩骏 摄）

天津渤化"两化"搬迁项目建成的临海专用码头（王涛 韩骏 摄）

2022年3月，中建安装一公司承建的天津渤化"两化"搬迁改造年产80万吨PVC项目一次投产成功。全面投产后将进一步优化天津市石化产业布局，促进国家石化产业规划和京津冀协同发展，推动天津南港工业区打造世界级石化基地，为全国城市人口密集区危化品企业搬迁改造提供了样板（张磊 摄）

截至 2022 年 3 月底，亚洲最大海上连体平台——锦州 25-1 南油气田自 2009 年投产以来，油气产量累计超过 2000 万吨，共计向环渤海沿岸地区输送天然气近 40 亿立方米，为保障国家能源安全作出了重要贡献（图片由中海油天津分公司提供）

2022 年 3 月 26 日，中海油天津分公司渤中 19-6 凝析气田一期开发工程项目在青岛开工，标志着我国渤海湾首个千亿方大气田开发正式进入工程实施阶段。该项目对保障国家能源安全、优化我国能源结构具有重大意义（张磊 王涛 吴鹏 韩庆 摄）

2021 年 5 月 19 日，天津（西青）国家级车联网先导区车路协同全息感知环境一期工程建设完成，首次向公众进行展示。图为无人驾驶巴士（刘玉祥 袁忠清 摄）

无人驾驶巴士内部

无人驾驶物流车

北方国际航运核心区

2021 年 5 月，作为智慧港口的天津名片，天津港北疆港区的"港口自动驾驶示范区"通过边生产、边改造、边调试、边投产的方式，历时 1 年完成全部 25 块堆场和 31 台轨道桥改造，实现堆场自动化作业全覆盖。图为智能解锁站（孙立伟 摄）

2020 年 4 月 26 日，由我国自主研制的国内首套 10 兆瓦海上风电叶片在天津港装船起运（周伟 杜平喜 摄）

2021年5月18—19日，在第五届世界智能大会召开之际，来自26个
国家和国际组织的驻华大使和代表以及15个国家的驻华使节参观天津港
（潘立峰 摄）

2021年10月17日，天津港第二集装箱码头有限公司暨全球首个智慧零碳码头投产运营仪式现场
（马成 戴涛 周亮 摄）

▲ 2021年12月，全球首个零碳码头智慧绿色能源系统在天津港并网发电（张磊 张梁 摄）

▼ 天津港航道（马成 戴涛 周亮 摄）

夜幕下的天津港（马成 戴涛 周亮 摄）

2012 年 12 月，天津滨海国际机场二期扩
建工程初展雄姿（张磊 摄）

2014 年 8 月 28 日，天津滨海国际机场二期 T2 航站楼正式启用（张磊 摄）

2022 年 3 月，承载京津两地口岸协同运营功能的天津港最大冷库群——京津物流园顺利完成竣工验收。该项目位于东疆新港八号路以北，是东疆冷链主题园区重要的绿色、智慧且具有加工功能的冷链项目。项目投产运营后，将最大限度发挥京津两地区域性资源优势，助力天津港世界一流枢纽港口建设，更好服务京津冀协同发展（王涛 摄）

2019 年 11 月 26 日，经中国人民银行总行批准，自由贸易账户（简称"FT 账户"）体系在天津落地实施，为金融改革制度创新和业务创新提供试验田。图为 2019 年 12 月 6 日，天津首家 FT 上线银行——招商银行天津分行 FT 账户业务上线仪式（李鑫 摄）

2019 年 12 月 31 日，中国银行天津市分行获批成为天津第二家上线 FT 账户业务的银行（李鑫 摄）

2021 年 9 月 28 日，利比里亚籍船舶"罗伯伦珊瑚"轮装载 2900 吨乙烯，安全靠泊大港港区天津渤化南港码头仓储有限公司 2 号码头（赵建伟 摄）

2021 年 12 月，LNG 运输船"中能连云港"号驶离中石化天津液化天然气有限责任公司接收站码头，并顺利离开天津港大港港区，天津 LNG 接收站首次顺利完成 LNG 船舶夜间离泊（张磊 摄）

2015 年 4 月，和平区解放北路综合提升改造工程完工，古老的"金融街"更加富有魅力（吴迪 摄）

2022 年 2 月，位于和平区解放北路 80 号的中国银行博物馆天津分馆对公众开放，通过各个时期的珍贵展品，广大观众可切身感受百余年来天津地区的金融发展和社会变迁（吴迪 付昱 摄）

改革开放先行区

2021年2月，天津塘沽海关关员在天津泰达综合保税区货物进出区卡口对保税货物进行现场监管（邓泽龙 摄）

2022年2月，在天津东疆综合保税区，天津东疆海关关员对一批进行保税展示交易的进口老爷车进行现场监管。该综合保税区设立于2020年，天津海关积极推广"保税展示交易"等创新模式，助力天津市综合保税区打造销售服务中心（王欣 摄）

2021年5月1日，天津国海海工投资有限公司管理的CJ46型自升式钻井平台"国瑄"，交付天津格润海洋工程有限公司，在后续改装后赴指定作业区域进行风电安装作业。在东疆海关和东疆管委会的支持下，完成海工平台保税改造监管创新，使该平台成为国内首个钻井平台保税改造风电安装平台项目

2020 年 5 月，天津航空口岸大通关基地（一期）项目外檐主体工程全部完工（张磊 摄）

天津航空口岸大通关基地（一期）工程实现了建设国际航空物流中心核心区的定位，将进一步提升机场口岸的通关效率，提高货物处理能力，降低服务成本（张磊 摄）

2022 年 3 月，154 件跨境电商退货商品经天津保税区海关关员查验，进入天津港综合保税区内的跨境电商进口退货中心仓，标志着天津市首个跨境电商进口退货中心仓正式启用（图片由天津海关提供）

# 经济新体系

习近平总书记在党的十九大报告中强调，建设现代化经济体系是跨越关口的迫切要求和我国发展的战略目标。

天津坚定实施创新驱动发展战略，精心引育新动能，大幅度提升战略性新兴产业比重，推动产业结构高端化、智能化、绿色化。天河新一代百亿亿次超级计算机、全球首款脑机接口专用芯片"脑语者"、12英寸半导体硅片、康希诺疫苗、240吨AGV自动运载车、水下滑翔机等一批关键核心技术在天津实现突破。

天津着力提升现代服务业发展能级，推动生产性服务业向专业化和价值链高端延伸，生活性服务业向高品质和多样化升级，深化服务业同先进制造业、现代农业深度融合，建设国际消费中心和区域商贸中心的"双中心"城市，加快形成与现代化大都市地位相适应的服务经济体系。近年来，天津盘活用好中心城区小洋楼、工业遗存、商务楼宇等资源，推进海河沿线服务业布局，建设魅力"夜津城"集聚区，建设国际文化旅游消费目的地，打造一批特色鲜明、业态高端、功能集成的服务业发展标志区。海河夜景令人流连忘返，"设计之都"让人眼前一亮。

进入新时代，立足新发展阶段，天津完整准确全面贯彻新发展理念，高扬"制造业立市"的大旗，着力构建新型产业矩阵，加快培育现代产业体系，在新发展格局中填格赋能，推动天津经济高质量发展之路行稳致远。

科技创新

2016 年 7 月，由天津康希诺生物技术有限公司参与的我国首个埃博拉疫苗研制工作，已完成国际临床Ⅱ期研究，这也是我国研制的疫苗在国外完成的第一个国际临床试验（王涛 摄）

2021 年 9 月，中国科学院天津工业生物技术研究所在淀粉人工合成方面取得重大突破性进展，国际上首次实现了二氧化碳到淀粉的从头合成。图为科技人员在对二氧化碳合成淀粉进行测试（王涛 摄）

2017 年 11 月 3 日，由中国交建所属中交天津航道局有限公司投资设计、上海振华重工建造的 6600 千瓦绞刀功率重型自航绞吸挖泥船"天鲲号"，在江苏启东成功下水。它取代"天鲸号"，成为亚洲最大、最先进的绞吸挖泥船（张磊 孙立伟 摄）

▲ 2018 年 7 月，由国防科技大学和国家超级计算天津中心等团队合作承担，我国自主研发的新一代百亿亿次超级计算机——"天河三号"E 级原型机完成研制部署，并顺利通过国家科技部高技术中心组织的课题验收（王涛 摄）

▶ 中国医学科学院血液病医院（中国医学科学院血液学研究所）程涛教授团队完成的"造血干细胞调控机制与再生策略"项目，获得 2020 年度国家自然科学奖二等奖（图片由天津市科技局提供）

◀ 天津中铁电气化设计研究院有限公司副总工程师王立天团队研发的"高速铁路用高强高导接触网导线关键技术及应用"，获得 2020 年度国家科技进步二等奖（图片由天津市科技局提供）

2021 年 9 月，天津博迈科海洋工程有限公司为全球最大的"北极 2"液化天然气项目制造最大电气间 CCB 模块交付（王涛 摄）

天津海鸥表业集团有限公司 2019 年完成混合所有制改革，成为国内最大的手表机芯生产基地（王涛 摄）

天津汽车模具股份有限公司在经历 2003 年国企改制、2010 年深交所上市后，生产经营形势每年都上新台阶，2015 年产值超过 16 亿，成为全国乃至世界规模最大的汽车模具生产企业，产品行销世界五大洲。图为模具调试车间（王涛 摄）

2021 年上半年，国家会展中心一期展馆区提前完工，6 月 24—27 日迎来首个展览——中国建筑科学大会暨绿色智慧建筑博览会（马成 摄）

2017年1月，滨海高新区德中（天津）技术发展股份有限公司自主研发的 DL 系列激光设备，可直接利用激光制作电路板导电图形，替代了传统化学蚀刻制作电路板，在提高产品精度的同时降低了环境污染（张磊 摄）

2021年10月，2021天津国际种业博览会上，包括天津小站稻在内的各类种子和果实吸引了众多参观者的目光（刘玉祥 摄）

2020年11月，天津市涉农区种植的80万亩优质小站稻收割工作全面展开，各区积极组织农机进行收割（刘玉祥 袁忠清 摄）

2020年10月，西青区辛口镇小沙窝村种植的露地沙窝萝卜喜获丰收，亩产近万斤，不仅丰富了天津市蔬菜市场，还吸引京冀等地许多商家前来选购（刘玉祥 袁忠清 摄）

2021年，位于武清区的佛罗伦萨小镇商圈被列入《天津市培育建设国际消费中心城市实施方案
（2021—2025年）》。天津市以名品消费、赛车文化、创意设计为主题打造该商圈，实施商圈拓
展工程，满足消费者多样化需求，进一步提升市场影响力（马成 戴涛 摄）

2021年10月20日，海河国际消费嘉年华暨京东奇趣世界启动仪式在市文化中心广场举行，天津
市通过线上线下相结合的方式提升消费人气，培育建设国际消费中心城市（孙立伟 摄）

2012 年 9 月 11—13 日，第六届夏季达沃斯论坛在天津举行（杜建雄 摄）

2016 年 6 月 26—28 日，第十届夏季达沃斯论坛在天津举行（杜建雄 摄）

2021 年 5 月，第五届世界智能大会在天津举办，大会以"智能新时代：赋能新发展、智构新格局"为主题，通过"线上线下"相结合的模式打造"会、展、赛＋智能体验"的国际化平台，无论是行业翘楚的思想激荡，还是各大参展企业的"黑科技"，都让观众大饱眼福（尉迟健平 摄）

图为大会现场（马成 摄）

2017 年 9 月 23 日，2017 中国国际矿业大会在天津梅江会展中心举行。大会以"弘扬丝路精神，共促矿业繁荣"为主题，进一步聚焦热点，提升国际化、市场化、专业化水平，务实推进国际矿业合作（马成 摄）

2017 中国国际矿业大会展厅里展示的矿石（马成 摄）

2019 年 4 月 16 日，外交部在北京举办天津全球推介活动，向世界介绍天津秉承新发展理念，努力打造开放包容、生态宜居的国际化城市的多项举措和卓越成绩，天津迎来了高光时刻。图为外国嘉宾与来自天津的演员和志愿者合影留念（张立 摄）

2017 年 12 月 1 日，2017 亚布力中国企业家论坛·天津峰会在天津市举行（王涛 摄）

当地时间 2020 年 1 月 21 日，以"凝聚全球力量，实现可持续发展"为主题的世界经济论坛 2020 年年会在瑞士达沃斯开幕。当地时间 1 月 22 日晚，天津市政府在达沃斯会议中心举办"天津之夜"活动，向与会嘉宾展示了天津风采。现场精心的布置让达沃斯年会主会场充满中国年味（张立 摄）

2021 年 10 月 15 日，第 105 届全国糖酒商品交易会在天津举办，大会以"新活力、新动能"为主题，通过强化食品和酒类行业新品交易和技术交流，为业内外搭建产销对接和交流合作平台，吸引了众多客商前来参观洽谈（钱进 孙立伟 摄）

▲ 2021 年 10 月 15 日，第 105 届全国糖酒商品交易会在各商超及户外，特别定制了"全球食品欢乐购"主题潮物市集，吸引了众多市民前来体验（钱进 孙立伟 摄）

◀ 2021 年 10 月 11 日，第 24 届中国冰淇淋及冷冻食品产业博览会在梅江会展中心开幕。现场的文创定制国潮雪糕等产品吸引了众多参观者体验订购（钱进 潘立峰 摄）

2019年5月，第三届世界智能大会上，天津展区的深化＂一制三化＂改革服务建设项目——天津市政务自助服务厅亮相（谷岳 摄）

2021年8月,河东区政务服务中心新址正式投入使用,开通老年人绿色通道,提供无障碍信息服务等,着力深化政务服务改革，为便民利民办实事（吴迪 刘泽瑞 摄）

天津开发区政务服务中心把投资者和企业居民当成政府服务的客户，从客户需求出发，提供开放、高效、亲民、智慧的服务体验（王涛 摄）

▲ ◀ 2018 年 11 月 13 日，"伟大的革命——庆
祝改革开放 40 周年大型展览"在北京国家
博物馆开幕。图为天津滨海新区简政放权
封存的 109 枚公章，吸引众多参观者驻足
（刘欣 摄）

2019 年 2 月，天津市"海河英才"专场招聘会在天津市人力资源发展促进中心举行，天津 180 家
知名企事业单位为求职者提供近 5500 个职位，满足各类求职者的就业需求，招聘单位与应聘人员
当场达成初步意向数总计 820 人次（吴迪 赵璐 摄）

# 政治新气象

习近平总书记强调，加强和改善党的领导，是实现经济社会持续健康发展的根本保障。

天津筑牢"抓好党建是最大政绩"的理念，坚持党建为魂，用好党建法宝，持续加强和改善党的领导，持续推进全面从严治党，充分彰显党的领导和党的建设的显著政治优势。

思想发动是最本质的发动。天津组织实施习近平新时代中国特色社会主义思想教育培训计划，开办干部学习大讲堂。市领导同志率先垂范，"干部教、教干部"，对全市3万余名处级以上党员领导干部开展大规模集中轮训，推动大学习大教育大培训大普及，推进习近平新时代中国特色社会主义思想进教材、进课堂、进头脑，促使广大党员干部筑牢信仰之基，补足精神之钙，把稳思想之舵，切实提高政治判断力、政治领悟力、政治执行力。

天津聚焦贯彻落实习近平总书记"三个着力"重要要求和重要指示批示精神，集中开展违建大棚房、违建别墅、人防领域腐败、土地管理领域违纪违法问题等专项治理，特别加强对"两个维护"贯彻执行情况的监督检查，确保以最高摆位、最大力度落实到位。

天津高度重视新时代学校思想政治理论课改革创新工作，从构建大中小学思政课一体化育人体系、加强思政课教师队伍建设、提高思政课质量、加强党对思政课建设的领导四个方面，出台了具有较强操作性、实用性和创新性的20项举措，切实增强思政课教学的思想性、针对性、实效性，教育引导学生做中国特色社会主义事业的合格建设者和可靠接班人。

▲ 2019 年 9 月 29 日，天津市庆
祝中华人民共和国成立 70 周
年大会和群众性文艺演出在天
津体育馆举行（马成 摄）

▲ 为庆祝中华人民共和国成立 70 周年，
天津各主要干道、公园、景区等布置
主题立体花卉景观（吴迪 摄）

▶ 2019 年 4 月 29 日，和平区举办歌
舞"快闪"活动，庆祝中华人民共和
国成立 70 周年（吴迪 付昱 摄）

▲ 2021 年 6 月 28 日，天津市举行庆祝中国共产党成立 100 周年群众性文化演出（马成 摄）

▶ 2021 年 6 月 26 日，"同唱一首歌 永远跟党走"——天津市庆祝中国共产党成立 100 周年群众歌咏大会在市人民体育馆举办（马成 摄）

2021 年 6 月，武清区举办"永远跟党走 启航新征程"庆祝中国共产党成立 100 周年群众性主题活动（马成 戴涛 摄）

2021 年 5 月，南开区万兴街道万德社区党委在社区微信公众平台开设党史微课堂，方便社区的党员和群众学习党史（张磊 摄）

2021 年 6 月，天津市公安特警总队三支队民警来到河东区老年公寓，为老人们布置门厅，悬挂党旗，营造庆祝建党 100 周年的隆重氛围。"在党50 年"的老党员、老革命，为青年民警现场讲党课，大家深受教育（孙震 潘立峰 摄）

2021 年 7 月 1 日，北辰区在杨连弟公园举行"不忘本色红心向党"群众性主题活动，庆祝中国共产党成立 100 周年（刘玉祥 刘媛媛 摄）

▲ 2019 年 7 月 31 日，天津市第十七届人大常委会第十二次会议表决地方性法规（马成 摄）

▶ 2020 年 6 月 20 日，河西区气象南里社区举行"民法典守护你"送法进社区活动。辖区共建单位志愿者通过宣传漫画、快板书等形式，宣传民法典（吴迪 摄）

2021 年 12 月 4 日国家宪法日到来之际，由中建八局华北公司全体法务人员组成的"八五普法宣讲团"走进滨海新区华建里社区，为群众讲解民法典（张磊 张夏青 摄）

政治清明

2021 年 8 月 6 日，新任职市管领导干部党风廉政教育集体谈话会现场

2019 年，河北区举办"以案为鉴 正风反腐"警示教育主题展

2019 年，天津理工大学聋人工学院将思政课堂搬到周恩来邓颖超纪念馆、平津战役纪念馆、天津"一二·九"学生抗日救亡纪念馆等场馆，现场教学（姜宝成 摄）

2019 年，天津大学思政课青年教师创新教学，让有意义的思政课变得有意思，将有温度的小故事讲得有深度，让大学生爱上思政课（姜宝成 摄）

2021 年 3 月，天津师范大学物理与材料科学学院创新思政课教学，开展"百日红色读书打卡，百个红色故事讲述"学党史、讲党史活动，并设立党史学习专区。师生们通过研读红色经典，深化党史学习（谷岳 摄）

2015 年 3 月，"平安天津"建设展示月期间，华夏未来双语幼儿园开展园所、家庭、社会三位一体的交通安全教育（刘耀辉 摄）

2021 年 11 月，天津市公安局特警总队四支队开展"进警营 学养成"主题警营开放日活动，邀请河西区华星学校师生走进警营参观体验（马成 戴涛 摄）

2021 年 9 月，黄渤海海域伏季休渔期结束，天津市公安局沿海安全保卫总队在圆满完成伏季休渔期管理任务后，又投入到辖区渔船民的开海服务中（马成 戴涛 摄）

# 文化新风尚

党的十八大以来，天津坚持以习近平新时代中国特色社会主义思想为指导，牢牢把握"人民至上"这条红线，大力培育和弘扬社会主义核心价值观，深化拓展群众性精神文明创建，积极推进新时代文明实践中心建设，促进市民文明素质和城市文明程度有效提升。

少花钱，看好戏，一张小小文惠卡，带动百万人次演出大市场；逛书店，品书香，"书香天津"营造浓郁文化氛围，让更多人爱上阅读……面对人民群众日益增长的精神文化需求，天津积极创新，大力推出文化新举措，让市民实实在在受益，感受"美丽天津"的文化魅力。

创建文明城区，既是津沽百姓的光荣与梦想，也是建设文明幸福现代化天津的自然递进与必然选择。在 2020 年第六届全国文明城市（区）的表彰名单中，西青区、北辰区、滨海新区以直辖市城区第 2、第 3、第 5 的成绩上榜，和平区、河西区成功卫冕。无论是入选数量，还是综合成绩，天津市均取得历史最好成绩。

2019 年 1 月 17 日，习近平总书记视察和平区新兴街朝阳里社区，称赞志愿者是为社会作出贡献的前行者、引领者，称赞志愿者所做的事业将载入史册。天津始终牢记习近平总书记谆谆教诲，不负殷殷嘱托，汇聚起志愿服务的磅礴力量。截至 2021 年底，全市共有注册志愿者 279 万人，3 年增幅 26%，占常住人口的 20%；志愿服务团队 1.7 万余支，3 年增幅 69%，平均 5 人中就有 1 人是志愿者。"奉献、友爱、互助、进步"的志愿精神化为城市基因，融入市民血脉。

文化事业

2019 年 3 月，天津市第四届市民文化艺术节在津湾广场开幕。艺术节包括唱响主旋律、共祝祖国好、文化进万家、中华有传承、书香满天津五大板块，共计 48 项活动（姚文生 摄）

每年 12 月 23 日为天津"建城日"，2018 年 12 月 23 日是天津 614 岁生日，在东丽体育馆进行的中国男子篮球职业联赛（CBA）天津 VS 辽宁比赛中场，天津荣钢篮球俱乐部举办了"建城日"主题活动，近百人的快板方阵为现场观众演绎极具天津地方特色的快板节目（刘欣 摄）

在天津国际展览中心举办的 2018 书香天津春季书展上，一位小读者在用耳机聆听"读物"（张磊 摄）

2021 年 4 月 24 日晚，中央芭蕾舞团经典"看家戏"《红色娘子军》在天津大礼堂演出（马成 摄）

2020 年 7 月，以天津成功妥善处置"歌诗达赛琳娜号"国际邮轮事例改编而成的话剧《生死 24 小时》，在全市范围内进行展演（马成 吴涛 摄）

2015 年 3 月 27 日，天津交响乐团在天津大剧院演出"英雄——贝多芬马勒交响乐全集"音乐会，拉开了天津市 2015 年名家经典惠民演出季的序幕（姚文生 摄）

▲ 2021 年 5 月 28 日，杨丽萍首部海洋题材大型多媒体舞台剧《平潭映象》在天津大礼堂演出（马成 摄）

▶ 2021 年 3 月 9 日，平津战役纪念馆"流动图书馆"正式启用（张立 摄）

2014 年 11 月，北辰区大张庄镇大吕庄村村委会腾出部分办公用房改为农家书屋，科技类、少儿类等两万余册图书免费供村民阅读，丰富了村民的文化生活（刘玉祥 张立波 摄）

天塔（天津电视塔）里的图书
阅览室、心愿留言墙、艺术展、
云端邮局等项目，吸引了众多
游客（吴迪 摄）

2016年5月12日，"心系帮扶
村、温暖送真情"天津日报社昊
文艺职工艺术团文化下乡专场演
出，在蓟县（现蓟州区）尤古庄
镇邓各庄村举行（高峰 摄）

2013年7月1日，宁河县（现宁河区）第六届七里海文化旅游节在七里海国家湿地公园开幕
（刘玉祥 姚文生 摄）

文化载体

坐落于天津滨海新区中新生态城的国家海洋博物馆，是我国首座国家级、综合性、公益性的海洋博物馆，集收藏保护、展示教育、科学研究、交流传播、旅游观光等功能于一体，内设"远古海洋""今日海洋""中华海洋文明"等基本馆，堪称"海上故宫"（王涛 摄）

国家海洋博物馆鸟瞰（马成 摄）

国家海洋博物馆内的展陈设置（周伟 摄）

2012年5月6日，"超级月亮"现身天津上空，与新落成的市文化中心交相辉映（杜建雄 摄）

2012年5月16日，文化中心天津博物馆开放。图为博物馆共享大厅
（赵建伟 姚文生 摄）

2017 年 8 月 25 日，"动·境——中华古代体育文物展"在天津博物馆展出（姚文生 摄）

2021 年天塔跨年灯光秀（马成 戴涛 摄）

▲ 2017 年 10 月 1 日，滨海图书馆建成开馆（蒲永河 摄）

◀ 2022 年 4 月，由天津市青年设计师团队设计制作的大型环保装置"纸艺丛林"在万象城展出（齐向颖 摄）

2011 年 12 月 30 日，李叔同故居修缮完成并向社会免费开放。这座清代建筑距今已有 150 余年的历史，由四套四合院组成，平面呈田字形，有房 60 余间，占地 1400 平方米（姚文生 摄）

2021年1月，和平区
中意发展创意中心举办
"天津礼物创意特展"，
将天津非遗文创精品
成果进行了展示（谷岳
摄）

2019年，借助大数据现代化信息技术，河西区
梧桐小学打造"智慧课堂"（谷岳 摄）

2019年3月，"AR太极大师"健身互动设备
在南翠屏公园投入使用（吴迪 摄）

2020年4月23日，天津首
家24小时无人值守智慧书店
正式开业（蒲永河 摄）

精神文明

▲ 2019年植树节前夕，红桥区西于庄街子牙里居委会组织社区的老人和儿童与聚星双语幼稚园的家长、孩子们一起，开展创文创卫活动（谷岳 摄）

◀ 2019年4月5日，南开区时代奥城社区党委、奥城商圈党总支联合体育中心派出所，在奥城商业广场开展扫黑除恶大型宣传活动（胡凌云 吴树群 摄）

2021年3月，和平区卫津路社区建成"书香伴我共成长——未成年人课外阅读加油站"，引导社区未成年人爱读书、读好书（庞剑 摄）

"十三五"期间，武清区豆张庄镇南双庙村通过建设发展文化事业，不仅让当地村民尝到了"甜头"，更把该村打造成了"网红村"（吴迪 摄）

2022 年春节前，北辰区大张庄镇文体中心组织以"农民画里出年味 绿意盎然迎新春"为主题的农民画创作活动（高莹辉 摄）

2016 年，和平区西宁道社区成立"五爱教育阵地"，社区的老战士、老劳模、老党员、老公安为社区孩子们讲述南海的历史形成、地理风貌、自然矿藏等，培养孩子们的爱国主义感情（刘耀辉 王连明 摄）

▲ 2012 年 12 月，和平区新兴街志愿者"阳光奶奶"吕文霞和社区居民，自编自演宣传"十八大精神"快板书和健身操（张磊 摄）

▶ 2013 年 9 月 2 日，和平区新兴街志愿者在辖区内学校及周边道路开展志愿服务（吴迪 付昱 摄）

2019年，和平区朝阳里社区被中宣部评为第五批全国学雷锋活动示范点，激发了人们学雷锋志愿服务的热情（孙立伟 潘立峰 摄）

2020年1月10日，和平区朝阳里社区老年食堂，社区工作人员为老人过生日（庞剑 摄）

2015年中秋节，和平区庆友西里社区居民以菜会友，共叙邻里情，欢度中秋佳节（吴迪 付昱 摄）

2020年，南开区三潭西里社区创立了一支"网格红管家"志愿服务队，带动居民群众积极参与社区治理（刘乃文 王爽星 摄）

2021年初，北辰区佳园新里社区居民用废旧材料巧手制作宣传画和装饰品，打造党建、文明、法治、文化、科普、和谐等主题的楼门（高莹辉 摄）

# 社会新生活

天津坚持以党建为引领，以市域社会治理现代化试点全域创建为契机，积极推进基层治理体制机制创新，把党的政治优势、组织优势、群众工作优势转化为基层治理优势，为创新社会治理谱写了"天津之治"新篇章。

2019 年初，天津正式将"战区制、主官上、权下放"列为"一号改革创新工程"，建立健全矛盾问题排查化解、基层治理应急处置、综合执法联合查处、服务群众快速响应、重点工作"最后一公里"落实机制，将全市当作一个"战区"，区、街镇、社区（村）层层划分为"分战区"，赋予街道对区职能部门"吹哨"调度权、考核评价权、人事建议权，各战区党委书记是该区域社会治理第一责任人，夯实街道战区地位，确保党的领导"一根钢钎插到底"。

2020 年 7 月以来，广大党员干部开展"海河夜话"实践活动，"说群众语言"，"向群众汇报"，听民情民意，纾民困解民忧。通过开展一系列服务群众的活动，广大党员干部主动深入群众、融入群众，扑下身子、躬身而入，面对面倾听群众所思所盼，心贴心了解群众冷暖疾苦，将心比心、设身处地为群众考虑，把群众视为衣食父母、兄弟姊妹，切实解决了一大批养老、医疗、教育、兜底保障等与群众切身利益相关的问题。

一件件民生实事一个个落实，市民群众真切感受到了党和政府的民生情怀。

**基层治理**

2020年5月20日，天津市建立的市、区、街道（乡镇）三级社会矛盾纠纷调处化解中心挂牌，实现老百姓解决矛盾纠纷"只进一扇门"。图为和平区南营门街矛盾纠纷调处化解中心工作人员了解群众提出的问题（吴迪 摄）

2020年10月20日，"五星社区"河东区陶然庭苑社区警务室常驻民警，为居民理清"家长里短"（吴迪 摄）

2018年2月4日，红桥区通过打造"三级平台、四级网格"基层社会治理网格化管理平台，加强"街道吹哨，部门报到"机制，不断完善行政执法与刑事司法衔接机制，食品安全行政执法部门与公安机关密切配合、协调联动，做好食品安全联防共治（赵建伟 摄）

2019年12月13日，河北区鸿顺里街66名"小巷管家"上任，逐步形成辖区共同参与、联动推进环境治理的良好局面（吴迪 摄）

2020年11月，河东区在"网上国网"软件增设"关爱码"服务功能，打造"大数据＋社区关爱"典型应用场景。图为国家电网工作人员和网格员为老人介绍"关爱码"服务，通过电力用户用电信息采集系统掌握老人用电情况（吴迪 李希 摄）

《天津市生活垃圾管理条例》于2020年12月1日起全面实施，天津市研发的可人脸识别"智能垃圾分类回收房"在南开区、和平区率先投放（庞剑 摄）

▲ 2020 年 8 月，南开区开展"扎根网格、血脉相融"实践活动，全区 2900 余名党员干部入列 1464 个网格，组建"1+2+N"红色网格服务队，与网格员一道走街入户，串门聊天，与群众拉家常、加微信、交朋友，为群众解难题、办实事（胡凌云 吴树群 摄）

◄ 2020 年 8 月，南开区金地里社区"红色网格服务队"与南开区体育局一起为小区安装健身器材（胡凌云 王爽星 摄）

金地里小区环境消杀（吴迪 摄）

红桥区创新基层宣讲模式，充分发挥基层宣讲团、专家学者讲师团等队伍的优势，创办"小院理论讲堂"，宣传宣讲党的政治理论和方针政策，倾听、解决群众意见建议，真正让党的创新理论"飞入寻常百姓家"。图为河北工业大学副教授苑帅民为西于庄街道子牙三社区居民宣讲党的十九届六中全会精神（图片由红桥区委宣传部提供）

党史学习教育开展以来，和平区广大党员干部以"和平夜话"实践活动为载体，大力实施"大招商、大服务""助力乡村振兴""民生保障""洗脸""惠企便民""社会治理"等六项行动，用心用情为群众办实事解难题。图为党员干部为居民解决生活难题（吴迪 摄）

开展民法典宣讲活动
（吴迪 摄）

红桥区咸阳北路街道凤城社区 77 岁老党员李嘉溪，与学生、党员、居民和社区工作者一起宣讲党史故事（图片由红桥区委宣传部提供）

河北区深入开展"到家坐坐，向您汇报"活动，全区 118 个社区党群服务中心成为居民们的"新家"。在双向互动沟通的过程中，居民关心社区事、参与社区事，社区与居民之间沟通更加通畅（吴迪 摄）

北辰区宝翠花都社区首倡"五常五送"工作法，立足破解治理难题，解决好群众的操心事、烦心事、揪心事，推出一系列创新举措，努力提升居民群众的获得感、幸福感、安全感。"五常五送"联系群众工作法入选中央文明办新时代文明实践典型案例（图片由北辰区委宣传部提供）

# 生态新底色

　　2017 年，"绿色决定生死"，赫然写入天津市第十一次党代会报告。全市上下深入学习贯彻习近平生态文明思想，坚持新发展理念，坚定不移走高质量发展道路，推进生产生活全面绿色转型。治污减排、节能降碳，植绿留璞、提质增效……在增与减、舍与得之间，津沽大地掀起一场深层次的调整和变革。

　　2018 年，天津在全国率先发布实施"1+8"污染防治攻坚战三年作战计划，全市各区各部门把目标指标分解到具体单位、具体节点，把任务措施落实到具体工程、具体项目，实现污染治理清单化管理、项目化推进。进入"十四五"时期，推动污染防治攻坚战进一步深化。

　　天津强化政治自觉，积极主动推进"双碳"工作。低碳示范试点"先声夺人"——天津港在全球建成首个"智慧零碳"码头，中新天津生态城惠风溪、北辰区大张庄两座智慧能源小镇投运，天津高速首个"零碳"服务区启用，生态城第四社区中心成为全市首个"零碳"社区商业项目……

　　寒来暑往，久久为功。为了让"京津绿肺"舒展血脉，重回"宁静之美"，重现"璞玉之质"，七里海湿地拆除了违建设施，实施了土地流转、引水调蓄、苇海修复、生物链恢复等十大系统性工程。比邻城区的七里海湿地，已然成为自然生灵的一方"桃花源"。

　　2022 年，天津还将启动"一环十一园"建设，形成环绕中心城区的绿色屏障。城区公园、城市水系、外环生态绿带和环外 6 座郊野公园相接相连，城市生态空间进一步扩张，绿色生态更加触手可及，将惠及更多市民。

绿色生产

2021年8月，中建安装天津分公司通过工艺改进制作的酚醛复合风管在中科曙光天津产业基地安装完成，该复合风管可减少建筑内的空调散热损失80％，并且重量轻、使用寿命长，让建筑更加低碳环保（张磊 摄）

2012年10月底，天津西站光伏发电站进入测试最后阶段。其装机容量为1884千瓦，是国内最大的建筑屋顶非晶硅并网发电站，也是天津首家实现并网的光伏发电站（杜建雄 王大伟 李博文 摄）

2021年8月20日，由天津市交通运输委组织推动实施的全市首个氢能运输示范应用场景——荣程众和自用氢能源项目落成启用仪式在荣程智运举行。以此为起点，天津市网络货运开启"氢时代"，大型工业企业运输再添新动能（张磊 摄）

2013年8月18日，天津贯庄生活垃圾焚烧发电厂建设进入收尾阶段（张磊 潘立峰 摄）

2013 年 12 月 4 日，郁美净集团多名一线职工在实际工作中发明了"变频搅拌二次乳化操作法"，使生产一次合格率达到 99.99%，并且节能降耗效果显著（张磊 摄）

2016 年，天津卓朗科技发展有限公司采用双蓄电能替代技术，降低企业供暖、制冷成本约 40%，在能耗方面，相当于每年减少 500 吨标准煤消耗、2000 吨二氧化碳排放（张磊 摄）

▲ 2016 年，天津市风电清洁能源项目已具相当规模，滨海新区马棚口风力发电机已经成为一道亮丽的风景线（王涛 摄）

◄ 2011 年，国投北疆发电厂海水淡化项目一期全部完成，成为全国已建成的最大海水淡化项目（王涛 摄）

▼ 2012 年 4 月 13 日，继天津市重大工业项目之一的国投北疆发电厂首批海水淡化装置投产后，又一套日产 10 万吨淡水的海水淡化装置开始安装（傅桂钢 摄）

2020 年 9 月，作为临港重点建设的绿色屏障，以及国内首个位于大型工业区内的生态湿地公园，临港生态湿地公园项目获得"天津市科学技术进步一等奖"（赵建伟 摄）

临港湿地公园成为秦滨高速天津段的一颗绿色明珠（王涛 摄）

2020年候鸟迁徙季已近尾声，但蓟州区万亩荷塘仍有大批绿头鸭滞留在这里，它们与人工养殖的家鹅混群觅食，融洽相处（王广山 摄）

随着天津湿地生态环境的改善，越来越多的候鸟留在天津市越冬（周伟 王洪峰 摄）

蓟州区被誉为"津城大水缸"的于桥水库（翠屏湖），总库容 15.59 亿立方米，是天津市重要的饮用水水源地（杨玉山 摄）

蓟州区翠屏湖畔桃花盛开（王广山 摄）

西青区通过打造"西西海"生态湿地项目，解决沿线养殖尾水对河道的污染问题，实现周边水域常态化综合治理，确保入独流减河水体稳定达标（王津 袁忠清 摄）

西青区王稳庄万亩稻田（王津 摄）

位于西青区王稳庄镇的西青区绿色生态屏障区总面积5.18平方公里，
片区内湿地湖岛相间，阡陌稻田交错，是集林、田、水、草为一体的
复合型生态廊道片区（马成 戴涛 周亮 摄）

西青区绿色生态屏障（马成 戴涛 周亮 摄）

2021 年，津南区在建成绿屏辛庄湾、咸水沽湾、双桥河湾等节点的基础上，又推出精品力作——绿屏·八里湾，它是津南绿屏中规模最宏大、体系最健全、特点最鲜明的片区（马成 戴涛 周亮 摄）

绿屏·八里湾（马成 戴涛 周亮 摄）

夏末秋初，坐落于双城绿色生态
屏障区内的东丽湖东湖公园，满
眼绿色，美不胜收（吴迪 摄）

东丽湖东湖公园（吴迪 摄）

2014 年，蓟县（现蓟州区）环秀湖周边绿化成果初显（王广山 摄）

宝坻潮白河国家湿地公园（赵彬 摄）

2021 年 3 月，东疆东部沿海岸线基础设施环境提升生态修复工程初展新姿，工程通过修复蓝色海湾，助力海岸线"颜值"不断提升（张磊 摄）

东丽区古海岸廊道起步区（吴迪 摄）

官港森林公园（吴迪 摄）

▲ 2018 年，随着中新天津生态城迎来 10 周岁生日，中新友好公园也基本建成（周伟 摄）

▼ 2008 年 9 月 28 日，中新天津生态城开工奠基，它是中国和新加坡两国政府战略性合作项目，也是新中国第一个国家间合作开发的生态城（周伟 摄）

中新天津生态城不动产登记中心在高效节能的同时，利用太阳能、地热能、风能等可再生能源满足建筑用能需求。2021年，该中心获得天津市首个零碳建筑奖牌（王涛 摄）

2021年4月13日，中新天津生态城首家三级综合医院——天津仁和天成医院试运营（周伟 摄）

2021年5月1日，中新天津生态城东堤公园对外开放（刘乃文 摄）

2021年8月24日，天津市首座全预制装配式桥梁——航海道匝道桥主体工程全部完成，进一步提升了生态城路网通行能力（周伟 摄）

2022年3月，中新天津生态城中部片区的首个社区中心——第四社区中心，取得了由天津排放权交易所颁发的碳中和证书，成为天津市首个"零碳"社区商业项目（王涛 摄）

中新天津生态城彩虹大桥（周亮 摄）

中新天津生态城生机盎然（周伟 摄）

建设 10 个口袋公园是 2021 年和平区 20 项民心工程之一。公园建设充分考虑居民所需、地理位置等因素，打造一园一特色、一园一主题，有效提升城市公园绿地布局的均衡性、功能性（吴迪 摄）

2021 年 11 月，北辰区小淀体育文化公园正式对外开放。公园整体布局为"一环、两轴、四区"，建有篮球场、足球场、羽毛球场、乒乓球场等运动设施（吴迪 摄）

2020 年 4 月，西青区民心工程之一的西青区体育公园开放（王津 摄）

2020 年 6 月，位于北辰区京津公路与外环辅路交口、采用海绵城市设计理念建设的生态公园——
入市口游园建成开放（高莹辉 摄）

▲ 2021 年底，和平区垃圾分类主题公园建设基本完工。公园在设计上突出垃圾分类理念，设有人性化互动装置、便于阅读的科普海报、五彩缤纷的主题景观，以满足不同年龄段人群的学习需求（吴迪 摄）

▶ 2020 年底，河北区宁园街垃圾分类主题公园开园（吴迪 摄）

2019 年 12 月，河北区笑石园提升改造完成，正式开园（吴迪 孙海辰 摄）

# 第二篇

## 民生是小康之本

20 项民心工程

业教保医健

住行购乐游

# 民生是小康之本

张立平

江山就是人民，人民就是江山。全面小康，是人民的全面小康。全面小康的成果，理应由人民共享。

"人民对美好生活的向往，就是我们的奋斗目标。"天津铭记习近平总书记的殷殷嘱托，贯彻落实"着力保障和改善民生"重要要求，围绕群众最关心、最迫切、最现实的利益问题，多谋民生之利，多解民生之忧，在发展中补齐民生短板、促进社会公平正义，在幼有所育、学有所教、劳有所得、病有所医、老有所养、住有所居、弱有所扶上不断取得新进展。

从"有没有"到"好不好"，从"衣食无忧"到"高品质生活"，从"脱贫攻坚"迈向"共同富裕"——天津的全面小康，是提升获得感、幸福感、安全感的高质量小康。

## 一、一项项民心工程，聚焦群众"急难愁盼"

"人老了最怕冷，这么多年，提前供暖、延后停暖，我们老两口儿老寒腿的毛病一直没犯，政府把老百姓的事儿真的放在心上了！"凛冬时节，年逾八旬的陈梁材，住在保山南里的老房子里，穿着薄薄的衬衫，打理家里的花花草草，安享晚年生活。

连续6年，天津提前送热、延后停暖。一年12个月，5个月都有供暖，一股股暖流沿着管网流入千家万户。

城市的温度，不仅体现在冬季供暖上。十多年来，天津坚持每年实施 20 项民心工程，瞄准群众的"急难愁盼"，把财政总支出这块"蛋糕"的 75% 切给民生，300 余个项目，1000 余项具体工作，事事连民心，件件有着落。

西青区赤龙南街的综合为老服务中心正式建成了。近千平方米的服务中心内，设置了棋牌、健身、理疗、康复功能区。耄耋之年的刘金英、陈九月是这里的常客。老两口儿从家里溜达过来，享受一下按摩、理疗，更重要的是，要摆弄一下"阳光庭院"里他们亲手种下的蔬菜。"家门口就能养老，日子过得舒服，孩子们也放心。"

推进社区居家养老、新增义务教育学位、关爱妇女儿童健康、改造供热燃气管网、新建改造城乡道路、新建供水排水设施、建设公共充电设施……一系列变化老百姓看得见、摸得着、感受得到，越来越多的群众感受到了"幸福来敲门"的喜悦。

**二、一件件民生实事，织密社会保障网**

更好的教育、更稳定的工作、更满意的收入、更可靠的社会保障、更高水平的医疗卫生服务……利民小事，丝发必行。

刘磊是一名听障人士。小伙子最盼的事儿，就是找到一份工作自食其力。一个偶然的机会，他得知在西青区残联的推动下，一家农场专门为残疾人拓展就业渠道。刘磊毫不犹豫报了名。现在，与他一起工作的残障同事超过 80 人，他们共同管理 37 个蔬菜大棚，种植的苦菊、豆角、樱桃萝卜等无公害蔬菜、水果受到市场的青睐。

就业稳，则心定、家宁、国安。天津聚焦高校毕业生、农民工、退役军人、就业困难人员等重点群体，在稳住岗位、促进创业、提升技能、帮助困难群体就业等方面出政策、下功夫，保持就业局势"稳中有进""稳中有优"。

"前几年，看着朋友们为孩子秒杀幼儿园学位，我特别焦虑，生怕自家孩子进不去。现在好了，新的幼儿园就建在家门口，适龄儿童都能上！"美云社区的管丽娜悬着的心放下了。

面对家长的所急所盼，天津启动幼儿园资源建设、保教人员培训、三级监控建设，鼓励和促进社会办园，新建的小区必须要配套建设幼儿园。新建一批、改造一批、规范一批，仅仅两年，补齐了10.8万个学前教育学位。

民之所望，施政所向。天津抓住老百姓普遍关心的"关键小事"，保基本、补短板、兜底线，织密筑牢社会保障网，建立职工大病保险制度，持续提高医保统筹支付比例，免费为残疾人配发助听器、假肢，为单亲母亲购买女性安康保险，为建档困难职工家庭子女开展助学活动……

### 三、一份份温暖答卷，提升百姓幸福感

衣食住行、喜怒哀乐，是百姓最实在的生活。

搬进了新楼房，李少刚心里格外亮堂。在红桥区西沽南片区，17平方米的小平房里，他们老少三代挤了几十年。在这片老旧的居民区里，曾住着7800多户居民，户均居住面积14平方米，配套设施很差。

"终于等到这一天了！"经过3年棚改，有6.3万户、近30万居民"出棚进楼"，告别"蜗居"。市委、市政府兑现了向全市人民的庄严承诺：绝不允许高楼大厦背后还有贫民屋，也绝不能以平均数掩盖一人一户的困窘。

时代是出卷人，我们是答卷人，人民是阅卷人。置身高质量发展的新时代，人民对美好生活的向往，不停留于传统意义上的"衣食住行"，而是更加快捷的交通、更加顺畅的出行、更加丰富的市场、更加充裕的供给、更加便利的通信、更加繁荣的城市、更加宜居的环境、更加舒适的生活、更加美丽的风景。

天津全面提升城市载体功能和公共服务供给水平，加强基础设施建设，完善轨道交通体系，整修道路桥梁，增设人行天桥，优化公交线路，新建连锁便利店，

提升标准化菜市场，扩大数字化新基建，增建休闲健身场所，建设运动之都……一项项民生新政相继实施，一件件民生实事落地生根。这一份份满意答卷的背后，是不断提升的"改革力度"和"民生温度"。

民生改善没有终点，只有连续不断的新起点。立足新发展阶段，天津正在打造民生建设的"升级版"，全面建设社会主义现代化大都市，同绘富强民主文明和谐美丽的"富春山居图"。

# 20 项民心工程

　　百姓最急最忧最盼的，就是党和政府用心用情用力之所在。从2007年开始，天津坚持共享发展理念，聚焦群众"急难愁盼"问题，每年实施20项民心工程，件件连民生，事事有着落，老百姓获得感成色更足、幸福感更可持续、安全感更有保障。坚持以人为本，体现便民利民，发展公共交通、整治重点地区和道路、综合治理市容环境、提升绿化水平、提升环境质量、改造水热气管网，下足"绣花功夫"，提升城市颜值与品质。

　　从11月15日到次年3月15日，是天津多年相对固定的供暖期。但气候变化莫测，寒流早到晚走时有发生。天津连续六年提前和延长供暖期，弹性供暖每延长1天，市、区两级财政就多支出5000万元。如今，无论遇到早寒潮，还是碰上倒春寒，居民家里都暖意融融。很多人说，这回，咱不用看老天爷的脸色了。

　　垂暮不离亲，养老不离家。天津依托照料中心（站）等社区设施，为居家养老的老年人提供生活照料、家政服务、餐饮配送、便利购物、活动场所等服务，着力打造"没有围墙的养老院"。2019年，天津提出开展老年人助餐试点工作，面向全市老年人服务，对于80岁以上高龄老人及特殊困难老人还给予助餐补助，老人家食堂在津城老人身边落地开花，凭借物美价廉的优势，受到老人们的欢迎，也让老人们告别了吃饭难的问题。

公共服务

2019 年 5 月，河东区唐家口街道老人家食堂投入使用，既可满足老年人营养需求，也可缓解该街道区域内老年人午餐就餐难问题，同时还为长期订餐且年满 80 岁的老人提供免费上门送餐服务（吴迪 彭娜 摄）

2021 年初，河东区东新街道曲溪中里老人家食堂配备智能配餐柜，实现了无接触取餐，减少老人在疫情常态化防控期间的感染风险，配餐柜还具有保温、消毒功能，让老年人用餐更安全卫生（曹彤 摄）

2019 年，红桥区和苑街积极搭建平台，组织志愿者采取"互联网＋志愿服务"的方式，为 200 户独居或空巢老人安装煤气与防走失综合报警器，发放应急服务牌，老人在需要帮助时可随时得到帮助服务（谷岳 摄）

2019 年，河东区二号桥街道供热部门的工作人员到供暖管线末端的老人家中，进行回访测温，温暖舒适的环境让老人十分满意（吴迪 刘泽瑞 摄）

2020 年 11 月 1 日是供热首日，天津首个 24 小时可视化自助供热服务厅在天津能源集团热电公司丰年村服务厅正式运行（张磊 摄）

2021 年 3 月，和平区四
篦北里的正合馨"嵌入
式"养老服务中心正式
投入使用（吴迪 摄）

2020 年 9 月 11 日，河北区月
牙河街道灵江里日间照料服务
中心正式投入使用（吴迪 摄）

2017 年 11 月 7 日，河西区民政局和梅江街道办
事处在川水园老年日间照料中心，组织服务老年
人的社区活动（胡凌云 摄）

南开区养老中心工作人员为老人做康复训练
（庞剑 摄）

基础设施

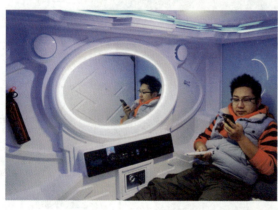

▲ 2016 年 2 月，位于高新区的智能公交站亭华天道站试运行，该站亭具备免费 WiFi 和自助手机充电设施，并设置到站车辆距离提醒功能（谷岳 摄）

◄ 2016 年 12 月，一款集独立门控、智能电视、保险箱、充电设施、氛围灯、蓝牙影音等功能于一体的智慧胶囊公寓亮相高新区灵动众创空间（吴迪 摄）

2013 年 5 月，天津市水务部门集中对市区主干排水管网、雨污水泵站、北塘排水河、四化河等排水设施进行改造及清淤治理（王涛 摄）

# 业教保医健

就业是民生之本，解决就业问题根本要靠发展。2020 年，天津实施"稳就业 32 条""高校毕业生就业 40 条"等政策措施，突出做好高校毕业生、农民工、就业困难人员等重点群体就业，推动"零就业"家庭清零。

围绕织密筑牢社会保障网，天津逐年上调养老保险待遇水平，建立职工大病保险制度，养老、医疗、工伤、失业、生育保险待遇水平和城乡低保、特困供养等标准持续提高，"救急难"服务平台实现全覆盖。天津紧盯学前教育"入园难"问题，"十三五"期间，新建、改扩建幼儿园 672 所，新增学位 16 万个，学前教育三年毛入学率达到 92.3%。

家庭医生签约服务是深化医改、推进分级诊疗的重要举措，天津自 2017 年启动家庭医生签约服务工作以来，走出了一条顶层设计、部门合力、基层落地、居民受益的家庭医生签约服务路径，许多患者足不出户就能享受到全面周到的健康服务。

2017 年，第十三届全运会在天津成功举办。天津紧抓全运会重大历史发展机遇，大力实施"全运惠民工程"，不断健全完善公共体育服务体系，提升竞技体育水平，体育产业带动社会增效益，截至 2020 年底，体育场地总面积 3728.9 万平方米，总数量 28,016 个，人均体育场地面积约 2.39 平方米，"15 分钟健身圈"初步形成。

就业创业

在天津师范大学 2021
届毕业生秋季大型招
聘会上，160 余家用
人单位现场选聘，参
与毕业生 3000 余人
（谷岳 摄）

2014 年，为迎接第 24 个"全国助残日"，天
津市残联联合市国资委、市人力社保局等部门，
在人力资源发展促进中心共同举办残疾人专场
招聘会（吴迪 摄）

2021 年，爱心企业为和平区特殊学校——爱众
残疾人阳光工场的智障学员提供手工艺加工工
作，提高学员们的动手能力（齐向颖 摄）

2020 年 2 月，为解决外地
员工返津后需隔离 14 天的
企业用工难题，天津港保
税区制定专门包车运输方
案，为企业复工复产做好
全面服务（王涛 摄）

2021 年 4 月，中国天津人力资源服务产业园红桥园区正式启动，天津市就业信息归集大数据分析平台首次亮相（谷岳 摄）

2019 年 5 月，天津市"海河工匠"建设工作在开发区启动，经市人社局批准，10 家开发区行业领军企业获"海河工匠培训基地"资格（王涛 摄）

2018 年，在天津市第一中心医院扩建工程现场，4 位外来务工人员收到大学入学通知书，使他们在工作之余能够继续深造学习（刘玉祥 张磊 杨海芳 摄）

教育成才

▲◀ 2021 年 6 月 1 日，天津市少年儿童活动中心举办"红领巾心向党"党史学习教育主题活动和"庆六一"主题队日活动（王倩 摄）

2016 年 11 月，天津市"城乡教师携手共成长——学前教育公益大篷车"在东丽区春瑕幼儿园启动，优秀幼儿教师为全市 70 多名幼儿园园长和教师讲示范课（吴迪 摄）

2021年6月12日，首届天津市幼儿武术比赛在东丽区体育中心举行，比赛分为个人项目、集体项目，展现了天津幼儿武术教育成果（谷岳 摄）

2021年底，天津理工大学化学化工学院与西青区小南河中心小学签署联动共建协议，结合各自资源，为对方提供劳动实践、研学参观等支持，协同推进实践育人、心理育人、社团育人、文化育人，助力中小学生"双减"（姜宝成 孟崇 郭增玉 摄）

2015年7月，天津职业大学举行秋季高考校园开放日。有志愿填报指导、专业教师现场咨询，吸引了众多考生与家长前来参加（刘耀辉 摄）

2015年10月，荷兰海牙蒙德里安技术学院交流访问团一行8人来到天津机电工艺学院开展交流合作（刘耀辉 李津军 摄）

2021年底，南开区咸阳路小学积极贯彻落实"双减"工作要求，利用课后服务时间开展津沽文化日系列活动（谷岳 摄）

▲◀ 南开区咸阳路小学津沽文化游园会暨课后服务展示活动（谷岳 摄）

2016 年 12 月 29 日，天津首个"汽车一体化智慧教室"在天津交通职业学院正式投入使用，助推职业教育迈入"互联网 +"时代（刘耀辉 谷岳 摄）

2012 年，天津"海河英才"计划吸引一批英才落户天津（王涛 摄）

2016 年，南开区学府街道南开大学西南二社区专门为老年人开设"手机课堂"讲座，社工和青年志愿者定期到社区为老人们讲解智能手机的使用方法（胡凌云 石乔 摄）

2020 年 12 月，河西区图书馆工作人员走进天塔街西岸书斋，向老年读者推荐养生书籍（张磊 刘晓柯 摄）

天津海河教育园开建于 2009 年 6 月 30
日，是国家级高等职业教育改革实验区、
教育部直属高等教育示范区、天津市科
技研发创新示范区（马成 摄）

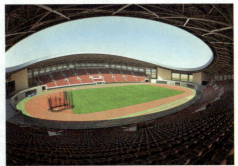

2012年6月，海河教育园体育中心体育场和游泳馆正式竣工，体育场成为第九届大运会主会场，举办田径、足球项目的比赛，游泳馆举办游泳项目的比赛（赵建伟 摄）

海河教育园体育中心体育场（姜宝成 摄）

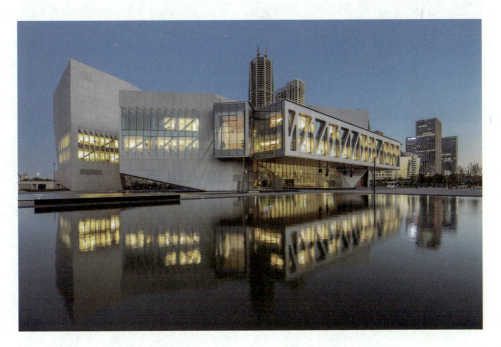

位于滨海新区海河之畔的天津茱莉亚学院，与高铁于家堡站、海河景观、周大福等地标性建筑交相辉映，成为天津市打卡新坐标（赵建伟 摄）

社会保障

2019 年 5 月，和平区劝业场街道成立天津首家服务退役军人的人民调解委员会（吴迪 摄）

2020 年 8 月，河东区退役军人就业创业服务中心正式落成，设有退役军人就业创业服务平台、高职院校退役军人教育教学中心和退役军人创业企业合作联盟三大板块，着力为退役军人就业创业提供系统化、亲情化、具体化服务（吴迪 彭娜 摄）

2018 年 4 月，东丽区民心工程项目——为残疾人免费验配助听器工作启动。经过核实筛查，全区持有残疾证、听力丧失在 100 分贝以内的听力障碍残疾人得到免费验配的助听器（刘玉祥 翟鑫彬 摄）

2012 年春节前，天津市慈善协会与市残疾人福利基金会共同开展"用爱心助飞梦想"活动，免费为 50 名符合安装条件的贫困残疾人安装新型适用性假肢（姜宝成 摄）

2013 年，天津市社会保险基金管理中心南开分中心通过"一站式"服务减少了个人到分中心开户环节，最大限度缩减了参保人员往返、等待的时间（吴迪 摄）

2010 年春节前，北辰区妇联为全区 165 名单亲困难母亲每人发放了 400 元救助金，为她们投保一份女性安康保险（刘玉祥 刘娜 摄）

2020 年 6 月，和平区新疆路社区联合工商银行金街支行开展"免费更换社保卡服务"进社区活动，为居民办理社保卡申请、更换，开通退休人员工资转社保卡发放等业务，同时为居民讲解社保知识（吴迪 摄）

2012 年 8 月 21 日，天津市慈善协会、环渤海金岸集团等单位共同在环渤海建材大厦举行"爱心成就梦想"慈善助学捐赠暨助学金发放仪式（张磊 摄）

2013 年 8 月 24 日，北辰区团委与区域爱心企业共同举办"圆梦大学"捐助仪式，现场 40 名家庭生活困难的大学新生共收到 12 万元助学金（刘玉祥 张谦 摄）

医药卫生

▲ 2021年7月1日，滨海新区中医医院新建院区正式开诊（周伟 摄）

▶ 2021年6月，北京大学滨海医院（天津市第五中心医院）新建门急诊楼投入使用（周伟 摄）

2020年10月，天津市安定医院孤独症康复中心揭牌。中心被纳入市残联孤独症儿童康复服务定点机构，可为孤独症谱系障碍患者提供规范系统的康复训练、共患病的对症处理、家长互助及指导服务等（王倩 摄）

2020 年，云巡诊车在和平区南营门街社区卫生服务中心为社区居民服务（王倩 摄）

新冠肺炎疫情防控期间，天津市家庭医生积极发挥居民健康守门人作用，在做好疫情防控的同时，切实保障辖区居民基本医疗服务（王倩 摄）

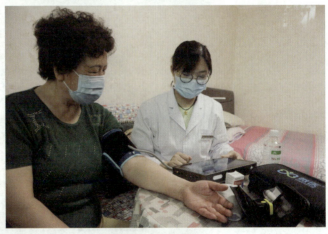

2021 年 5 月，南开区稳步推进列入天津市 2021 年 20 项民心工程之一的加强未成年人近视防控——对中小学生开展视力筛查工作。筛查涵盖全区 54 所学校、87,000 余人（胡凌云 王英浩 石乔 摄）

2020 年，河东区大王庄街道社区卫生服务中心智慧门诊依托信息化支撑流程再造，实现了预约就诊、定向分诊，所提供的诊前健康管理服务、诊间履约服务及诊后复诊预约服务，大大提升了居民就医的满意度（吴迪 摄）

2018 年 4 月，和平区人大劝业场街道工委、百货大楼社区携手辖区通信公司和医院，打造社区智慧医疗服务平台，居民可通过平台进行医疗咨询，同时对于社区身体患病、行动不便的居民进行入户服务（吴迪 摄）

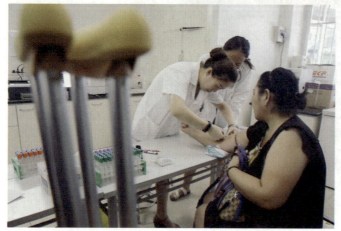

2016 年 7 月，和平区为辖区内 1000 余名残疾人免费体检，包括心肺腹部物理检查、测量血压、腹部 B 超检查、心电图等体检项目（吴迪 付昱 摄）

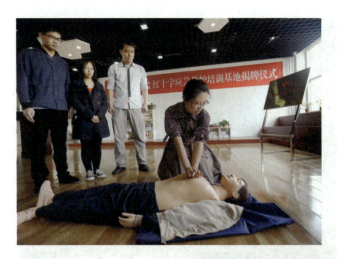

2018 年 4 月 19 日，南开区红十字会与天津大学药学院共建红十字应急救护培训基地揭牌，同时签署共建红十字应急救护培训基地的协议（姜宝成 摄）

2018 年 5 月，天津市红十字会、市政府应急办与红桥区人民政府，联合举办天津市红十字博爱周防灾减灾日主题活动，天津首支全部由街道社区工作者组成的应急救援队正式成立（王倩 摄）

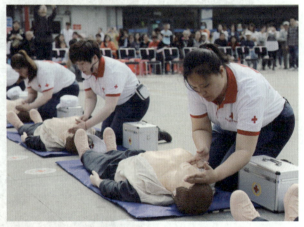

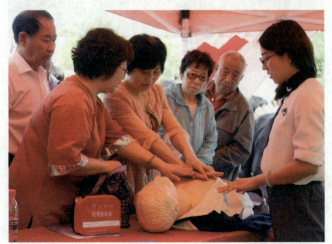

2018 年世界红十字日，天津市、区各级红十字会在全市开展以"为了你的微笑"为主题的大型宣传活动。图为河西区红十字会工作人员为前来咨询造血干细胞捐献、器官遗体捐献、救助捐赠等事宜的市民答疑解惑，并现场演示心肺复苏等应急救护方法（王倩 胡凌云 摄）

第十三届全运会于 2017
年 8 月 27 日在天津开幕
（马成 蒲永河 刘欣 摄）

▲ 2017年9月8日，第十三届全运会青年女排决赛，天津队3:1战胜辽宁队，夺得天津体育代表团的最后一枚金牌（孙震 摄）

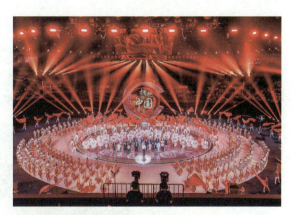

▶ 2019年8月25日，全国第十届残运会暨第七届特奥会在天津开幕（马成 蒲永河 刘欣 摄）

2019年8月，天津奥体中心各场馆调试夜景灯光，迎接残运会开幕（张磊 摄）

2012 年，东丽区建设 30 个社区健身园，丰富全民健身活动内容（赵建伟 摄）

2012 年 5 月 3 日，由河东区向阳楼街道团工委、天津滨海国际机场运行指挥中心团员青年组成的向阳青年志愿者服务队，来到昕旺北苑社区健身园，擦拭健身器材，清扫社区甬道，开展义务劳动（王建一 摄）

2012 年 8 月 6 日，天津市首个体育主题公园——河东体育健身园，迎来市民"初体验"（许凯 刘泽瑞 摄）

2020 年 9 月，河东体育场提升改造项目进展顺利，综合训练馆展露新颜（张磊 摄）

▶ 2019 年初，天津首个设立在居民小区的室外智能健身房在和平区健康主题公园内投入使用（张磊 摄）

▼ 2017 年，为迎接全运会，奥体中心公园进行了提升改造（吴迪 摄）

▲ 2021 年 5 月，天津师范大学"民
生校园生态健身步道"建成启用，
这既是天津师范大学生态校园建设
的标志性成果，也是将"党建红"
与"生态绿"有机融合的户外党建
阵地（谷岳 姜凝 摄）

▶ 2017 年 9 月，位于水上公园的智能
音乐健身步道开通，设有全民健身
大屏幕展示软件系统、运动人口数
据分析软件系统、智能健身音乐步
道软件系统、智能步道软件和环境
监测系统等（赵建伟 摄）

2016 年 4 月，天津首批登山步道开通仪
式在蓟县（现蓟州区）下营镇寺沟村举行，
为市民及周边城市居民开展登山运动提供
方便（赵建伟 摄）

▲ 2015 年 10 月 2 日，"2015
天津海河国际龙舟赛暨首届世
界名校龙舟大赛"在海河大光
明桥水域举行（孙震 摄）

◢ 2016 年 8 月，北辰区人民政府、
天津日报社联合举办"2016
天津日报杯"北辰郊野公园全
民健身骑行游活动，吸引了
京津冀三地 40 多家骑行俱乐
部 1000 余名骑行爱好者参与
（刘玉祥 霍云龙 摄）

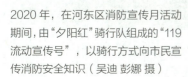

2020 年，在河东区消防宣传月活动
期间，由"夕阳红"骑行队组成的"119
流动宣传号"，以骑行方式向市民宣
传消防安全知识（吴迪 彭娜 摄）

2021年5月1日，"我要上全运"首届社区运动会暨第八届市民运动会太极拳比赛在天津理工大学体育馆举行，多支群众队伍参加比赛（赵建伟 摄）

2021年6月14日，天津市体育局主办的"'体彩杯'天津市'我要上全运'首届社区运动会暨第八届市民运动会海河龙舟赛"在海河举行（孙震 赵建伟 摄）

# 住行购乐游

　　老旧小区面貌一新、农贸市场升级改造、百姓出行更加便捷、休闲生活不断充实……天津诸多规划建设的细节叠加，不仅刷新了"面子"，更做实了"里子"。

　　成片危陋平房改造，曾是天津最大的民心工程，百万居民喜迁新居。但在中心城区，离繁华街区一步之遥，一些较为集中的棚户区仍散落残留。"不要怕老百姓占便宜"，"三年清零"行动顺利推进。天津完成148万平方米棚户区改造和8624万平方米老旧小区及远年住房三年提升任务，完成2.1万户农村困难群众危房改造。

　　城市发展，交通为先。天津在完善城市路网建设中，始终注重加强城市重点开发区域与中心城区联系，打通"大动脉"；分区施策改善市区交通，打通卡口和断头路，形成级配合理的道路路网体系，畅通"微循环"。

　　消费市场关系着民生福祉。近年来，天津推动公建配套菜市场与居民区同步建设、同步验收、同步投入使用，并通过补建消除了一批老旧小区菜市场的空白点位。全市90%的区域基本实现步行10至15分钟可到达一个菜市场，形成了菜市场为主，生鲜超市、菜店等业态互补的蔬菜零售网络格局。以"夜津城"为主题，天津成功打造完成以夜市建设为核心的夜间经济1.0版，正在向包含食、游、购、娱、体、展、演等在内的全要素夜间经济2.0版升级转型。

住房安居

2020 年 7 月，天津市最大的公租房社区——盛福园社区正式开园。盛福园位于北辰区双青新家园内，社区环境优美，安装了健身器材、休闲坐椅、垃圾分类亭、社区微型消防站等配套设施（高莹辉 摄）

2020 年 7 月，位于河北区的盛皓嘉园保障房项目进入最后收尾阶段。该项目总建筑面积 18.78 万平方米，住宅面积 13.57 万平方米，用于安置河北区三十五中学片、新大路片棚户区改造的居民（张磊 孙志福 摄）

2021 年 8 月 4 日，由中国一冶承建的隆升家园定向安置房全部完工并通过竣工验收。该项目位于海门路与增产道交口，紧邻地铁五号线幸福公园站，总建筑面积超过 10 万平方米，定向安置新大路等棚户区改造居民（张磊 王建英 摄）

2021 年，和平区朝阳里社区开通集社区党建、社区宣传、社区服务指南及社区平安治理为一体的新型"智慧社区平台"，有力推动基层社区治理智慧化（吴迪 摄）

2020 年 12 月，南开大学西南村 61 号楼 1 门加装电梯工程竣工投用，为老年人生活提供了方便（刘乃文 石乔 摄）

2018 年 4 月，中新天津生态城积极落实人才安居工程，启动人才公寓精装修，以智能家居为主要特点，租客可以用手机软件远程控制灯光、窗帘、空调、热水器等（王涛 摄）

2016 年 10 月，滨海新区热源二厂煤改燃改造工程中新建 6 台燃气锅炉安装调试完成，具备点火供热条件。新型燃气锅炉节能环保，实现空气污染零排放，这也是新区第一个大型煤改燃项目，投用后可为周边 150 余个工厂和近万户家庭冬季供暖（王涛 摄）

▲ ▶ "十三五"期间，天津先后完成了凌庄水厂提升改造一期、津滨水厂深度处理、芥园水厂清水池重建等水厂升级改造工程。2020 年，我国北方最大的采用压力式超滤膜工艺的水厂——凌庄水厂净水系统正式通水，日供水量可达 30 万立方米（张磊 摄）

2018 年，南开区岁丰路的建成实现了天拖南地区南北方向的贯通（周韬 摄）

▶ 京津公路南仓桥辅道工程是天津市 2018 年民心工程的道路卡口改造项目。该工程连通北运河两侧，打破北运河阻隔，完善南仓桥通行功能，为红桥区和北辰区居民跨越北运河提供了便利（周韬 摄）

▼ 2020 年 8 月，由天津城建集团路桥建设公司承建的西纵京津路南段工程完工。贯通后驾车从南仓桥到西站只需 15 分钟，可缩短一半时间（张磊 摄）

2020年6月，革新道（红星路—靖江路）道路提升改造工程基本完工，有效改善了该区域内居民的生活和出行条件，同时对区域排水规划、完善路网功能、促进河北区经济发展具有重要意义（张磊 孙志福 摄）

2013年10月，作为美丽天津一号工程，20多条乡村公路改造完成。图为蓟县（现蓟州区）下营镇郭家沟村乡村公路（张磊 摄）

2021年7月，集"政府监管、品牌运营、产品体验、技术开发、多站融合"于一体的天津津门湖新能源车综合服务中心启用（张磊 李津 摄）

2015年1月，天津首批超级充电桩在滨海新区高新区智慧山科技文化创意产业基地投入使用（王涛 摄）

2016年12月6日，由国家电网天津城南公司承建的天津市首个校园充电桩群落户南开大学津南校区（张磊 许益鸣 摄）

"十三五"期间，天津大力实施各类无障碍设施改造工程，对有需求且符合改造条件的11,869户残疾人家庭和767个社区实施无障碍设施改造（王津 摄）

▲◀ 位于天津市中心繁华地带的金街步行街近年来不断改造提升（吴涛 蒲永河 摄）

2012年5月，被群众称为"温暖菜市场"的复兴门菜市场正式开业，解决了大沽南路以北、以西周边2公里内的居民"买菜难"问题（胡凌云 刘汉源 张晖 摄）

2021年8月，河西区永安菜市场提升改造为"数字菜市场"，全部使用智能化收银系统，实现了智能称重、聚合支付、会员管理、库存管理等一系列数字化操作，满足线上线下购物需求。图为智能称量结算设备（吴迪 摄）

2022年4月新冠肺炎疫情防控期间，韩家墅批发市场做好暂停零售业务后的市场供应。图为商户打包蔬菜、水果，准备发往市内各大超市和市场（孙立伟 闫杨 摄）

▲　2010年11月20日，列入天津市20项重大服务业项目之一的河东万达广场盛装开业，成为津滨大道商贸物流区内的现代商业新地标（王涛 摄）

▶　定位为"国际时尚青年城"的大悦城购物中心（吴涛 摄）

2020 年 11 月 1 日，中国移动、中国联通、中国电信三大运营商 5G 套餐在天津正式启用一周年（刘力 摄）

2020 年 12 月，天津联通携手华为完成全球首个 64TR A+P 一体化设备创新试点，为运营商的 5G 部署提供创新解决方案。在 5G 网络的快速覆盖过程中，实现"降本增效"的目标（吴迪 摄）

2019 年 5 月 10 日，中国移动天津公司 5G 业务发布会在天津迎宾馆举行。天津移动正式启动 5G 业务试用体验，并全面开展 5G 友好体验客户招募，推动 5G 逐步走向社会大众，走进每位市民的生活。左图为 5G 速率与 4G 速率比较图，右图为利用 5G 技术实现人手与机械手同步互动（张磊 摄）

2019 年 1 月，西青区民俗文化旅游节在西青区杨柳青镇如意大街开幕，图为西青区非遗项目舞狮表演（孙立伟 潘立峰 尚志刚 摄）

2019 年 12 月 12 日，第六届全国大众冰雪季活动在天津奥林匹克中心体育场开幕（宁柯 摄）

2020 年 7 月，北辰区西堤头镇曙光水镇开园，景区分为水路和陆路两条游览路线（高莹辉 摄）

2021年2月26日，正月十五元宵节，古镇杨柳青各文艺团体自发组织高跷、跑旱船、大头娃娃舞等花会表演（王津 摄）

津湾广场位于和平区的一处海河河湾南岸，建筑为欧式风格（马成 戴涛 摄）

2021年5月1日，位于天津市河北区的意式风情街迎来街区整体提升改造后的重新开街，许多游客趁着假期来此游玩，享受休闲时光（马成 摄）

天津五大道历史文化街区，保留有上千座近代小洋楼建筑，有"万国建筑博览会"的美誉（马成 戴涛 吴涛 蒲永河 摄）

改造后的五大道民园体育场（马成 戴涛 吴涛 蒲永河 摄）

2019 年 7 月，突出古街主题的夜市街区——北辰区双街镇运河古街夜市开街运营（刘乃文 石乔 摄）

▶ 2019 年 7 月， 河北区意式风情街夜市开街（吴涛 蒲永河 马成 戴涛 摄）

▼ 2019 年 6 月 23 日，南开区时代奥城夜市开街（胡凌云 王英浩 摄）

▲ 2019 年 8 月，河西区的体育主题夜市（蒲永河 摄）

◀ 2020 年 4 月，在做好疫情防控的前提下，全市各大夜间经济街区陆续开放，图为红桥区运河新天地夜市恢复营业（吴迪 摄）

2020 年 7 月，河西区梅江夜市开业（蒲永河 摄）

# 第三篇

## 共享是小康之要

防范化解重大风险攻坚战

精准脱贫攻坚战

污染防治攻坚战

# 共享是小康之要

耿 堃

共享是小康之要。全面小康是覆盖全民、"一个都不能少"的小康，是覆盖全程、持续改善民生福祉的小康。全民共享，体现了中国特色社会主义的本质要求。

管理学的"水桶理论"认为，一只水桶能盛多少水，取决于最短的那块木板。在决胜全面小康之际，党的十九大报告提出，突出抓重点、补短板、强弱项，特别是要坚决打好防范化解重大风险、精准脱贫、污染防治的攻坚战，使全面建成小康社会得到人民认可、经得起历史检验。只有补齐短板，才有幸福共享。

最后一公里，往往是最难的一公里。这三大攻坚战，蕴含强烈的使命担当、鲜明的问题导向、坚实的底线思维，既是补齐发展短板、筑牢民生底线的夯基工程，也是打通"娄山关""腊子口"、决胜全面小康的关键之战。

**一、坚决打好防范化解重大风险攻坚战，天津统筹发展与安全，为决胜全面建成小康社会筑牢战略保障**

面对席卷全球的新冠肺炎疫情，天津秉持人民至上、生命至上的理念，果断启动重大突发公共卫生事件一级响应，成为最早一批启动一级响应的城市，坚决打赢"一船"、"两机"、"三楼"、武清人民医院、宝坻百货大楼、"滨城大筛"等大仗硬仗，在疫情防控中下好发展"先手棋"；面对奥密克戎变异毒株的威胁，天津以坚决态度、绝对速度有效防范奥密克戎病毒扩散蔓延，成为全国乃至世界首个"硬刚"奥密克戎的城市，彰显了强大的制度优势、治理能力和自信底气。

安全发展，是城市现代文明的重要标志，是人民群众安居乐业、幸福安康的保证。面对百年未有之大变局，天津扎实稳就业、稳金融、稳外贸、稳外资、稳投资、稳预期，保居民就业、保基本民生、保市场主体、保粮食能源安全、保产业链供应链稳定、保基层运转，有效应对金融风险，有力化解企业债务风险，坚决消弭国企混改风险，南水北调充实城市水源，扫黑除恶守护一方平安。国家统计局 2020 年度调查显示，群众对天津平安建设满意度全国排名第一。2021 年 11 月天津市统计局调查显示，全市居民对天津社会治安状况满意度达99.1%。群众的满意来自天津的长治久安，来自天津防范化解重大风险的能力。

**二、坚决打好精准脱贫攻坚战，天津强化矢志扶贫的使命担当，为决胜全面建成小康社会夯实民生基础**

小康不小康，关键看老乡。天津坚持"升级加力、多层全覆盖、有限无限相结合"，充分调动和整合企业、市场、社会的无限力量，发挥天津在教育、医疗、人才等方面的优势，立足产业帮扶，扎实推进"组团式"医疗帮扶、"全链条教育"帮扶，积极开展人才交流，不断提升帮扶地区的民生福祉。"十三五"期间，天津安排财政帮扶资金 126.22 亿元，实施帮扶项目 3651 个，助力甘肃、河北承德、新疆和田、西藏昌都、青海黄南 5 省区 50 个结对贫困县脱贫"摘帽"，335 万贫困人口全部脱贫，确保贫困人口和贫困地区同全国一道进入全面小康社会。

兄弟齐心，其利断金。天津开展结对帮扶困难村工作，对农村低收入困难家庭逐户进行精准识别、建档立卡，实施帮扶低收入困难群体促进就业转移一批、产业帮扶解决一批、社会救助兜底一批的"三个一批"工程，扎实推进教育资助、医疗救助、住房安全、社保兜底"四保障"工作，全市对口帮扶的 1041 个困难村全面实现"三美四全五均等"，推动巩固脱贫攻坚成果同乡村振兴有效衔接，确保全面高质量小康不漏一村、不落一人。

**三、坚决打好污染防治攻坚战，天津铁腕治污，加快人居环境整治，为决胜全面建成小康社会补齐生态短板**

绿水青山、碧海蓝天是最强的优势和最大的本钱。天津以解决大气、水、土壤污染等突出问题为重点，以最严厉手段"五控"治气、"四措"治水、"三招"治海、"两控"治土，减少排污总量，严防新增污染，守住环境门槛，全市大气环境质量明显改善，PM2.5 平均浓度 39 微克 / 立方米，全年优良天数 264 天，水环境质量持续改善，12 条入海河流水质总体达到 IV 类以上，近岸海域环境质量持续巩固，生态系统碳汇能力明显增强，生物多样性逐步恢复，市民群众享受到更多城市绿色发展成果。

走得近水、看得见绿、留得住乡愁。天津扎实推进农村人居环境整治提升，通过对生活污水、生活垃圾的处理以及"厕所革命"，基本实现农村卫生厕所、污水管网、生活垃圾收运体系建设"三个全覆盖"，有效改善农村居民生活环境；通过完善乡村路、水、电、气、物流等基础设施，推进教育、医疗、社会保障向农村倾斜，促进基本公共卫生服务城乡一体发展，更好地满足新时代农村居民对美好生态宜居环境的需求。

三大攻坚战协同推进，化解了风险隐患，积聚了发展后劲，拓展了战略空间，人民群众获得感成色更足、幸福感更可持续、安全感更有保证。天津的全面小康，是均衡协调可持续的高质量小康。由中央党校（国家行政学院）经济学教研部编写的《高质量发展蓝皮书（2020）》，发布了 2019 年中国经济共享发展指数，其中全民共享发展评价体系，以农村贫困指数、城镇贫困指数、收入差距指数、消费差距指数、区域差距指数作为量化指标构建。该指数排名显示，在全民共享发展方面，天津位居全国第一，并且在"十三五"期间始终保持在这一位置。

全民共享发展第一的背后，是天津人时刻享受的幸福生活，仿佛呼吸，自然而然。

# 防范化解重大风险攻坚战

新冠肺炎疫情是新中国成立以来传播速度最快、感染范围最广、防控难度最大的一次重大突发公共卫生事件，在以习近平同志为核心的党中央坚强领导下，天津市委、市政府团结带领海河儿女，同舟共济、共克时艰，打赢了艰苦卓绝的疫情防控阻击战，取得了抗疫斗争的重大战略成果。

2020年1月24日零时，天津启动重大突发公共卫生事件一级响应，成为全国最早一批启动一级响应的城市。当日，在全市疫情防控视频会上，天津把"战时机制"升级为"四个战时"——战时状态、战时机制、战时思维、战时方法，以最高规格战时动员，全面打响疫情防控阻击战，对风险隐患第一时间排查、第一时间处置，打赢了"一船"、"两机"、"三楼"、武清人民医院、宝坻百货大楼、"滨城大筛"等多场战役，交出了一份非同寻常的"天津答卷"。

2020年，天津"自查自检"，开启了一场名为"'飞地'基层社会治理属地化"的"自考"。党旗高高飘扬，"作战图"钉上墙，"飞地"治理战打响，天津向着责任不清、管理"虚焊"的"靶点"发起冲锋。

一组数据彰显"超拼"的成色：全市共投入整治资金1.6亿元、拆迁安置资金3.4亿元，排除问题隐患1.1万个，兜底重点扶助人群民生保障20.9万人，拆违11.9万平方米……这些"大"数据，让群众生活更有盼头、日子更有奔头。

2021年，"飞地"落地，改善民生的"赶考"永远在路上。如今，担当激发的不竭动能，正推动海河儿女蹈浪涛头再弄潮。

抗击新冠肺炎疫情

2020年4月2日19时，天津启动"最美逆行者"点亮全城活动，运用夜景灯光、全彩色电子显示屏等载体，向"最美逆行者"致敬。图为友谊路与中环线交口大屏幕播放"最美逆行者"张伯礼的内容（尉迟健平 摄）

地铁车站电视屏幕播放"最美逆行者"王莹的内容（刘乃文 摄）

营口道与南京路交口，行人与"最美逆行者"于洪志合影（曹彤 摄）

营口道与南京路交口的大屏幕上，播出第二批"最美逆行者"张颖的内容（曹彤 摄）

▲ 2020 年 4 月 20 日，天 津 市
148,592 名初三、高三学生迎来
复课第一天，防疫抗疫成为复课
"开学第一课"。图为鉴开中学
举行"开学第一课"，东丽区疾
控中心工作人员为师生讲解防疫
知识（刘乃文 翟鑫彬 摄）

▶ 2020 年 4 月 20 日，四十二中
学学生有序走进校园（尉迟健平
张颖 摄）

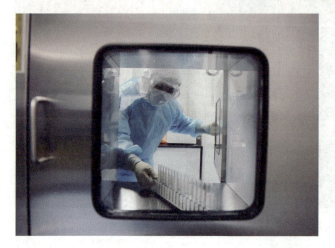

2020 年 4 月，天津市总医
院用时 7 天，80 人日夜奋战
168 个小时，建成全自动、标
准化新型冠状病毒核酸检测实
验室，不仅缩短了检测时间，
提高了检测效率，而且最大程
度避免了医务人员感染的风险
（王倩 摄）

2022 年 1 月，北辰区双街镇在 75
个核酸采样点位设立党员先锋岗
（高莹辉 摄）

▶ 一位市民专程来到机场，为
　援鄂医疗救治队队员献上鲜
　花和祝福（张立 摄）

▼ 2020 年 1 月 26 日，天津市
　首支援鄂医疗救治队飞往武
　汉（张立 摄）

▶ "加油,加油,抗疫必胜!" 2021年1月,天津市支援河北省石家庄市院前急救医疗队 87 名队员在出发仪式上宣示决心(曹彤 摄)

▼ 2020 年 4 月 8 日,天津驰援湖北医疗队所有成员全部归来(张立 曹彤 摄)

2021 年 1 月 30 日,天津市支援河北省邢台市院前急救医疗队 44 名队员和 16 辆车,完成支援任务返回天津(曹彤 摄)

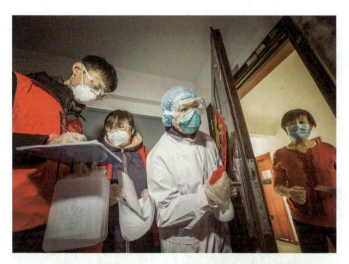

▲ 2020 年 2 月，在宝坻"战疫"期间，宝坻区宝平街、钰华街社区工作人员和医护人员一起入户排查（曹彤 摄）

▶ 2020 年 2 月，工作人员在宝坻高速公路出口进行体温检测、车辆消毒，对非在宝坻居住、工作等人员进行劝返（曹彤 摄）

2020 年 2 月，宝坻区西大套村村民自发成立志愿者队伍，24 小时坚守在联防联控一线（曹彤 摄）

2020 年 2 月，宝坻区馨逸社区党群服务中心工作人员工为抗击疫情，经常加班到深夜（曹彤 摄）

2020 年 2 月 9 日，马来西亚 OD688 航班 87 名人员集体解除隔离，其中 13 名外籍机组人员返回马来西亚（张磊 摄）

2022 年 1 月 13 日，天塔为天津抗疫点亮加油，为奋斗在抗疫一线的医护人员、志愿者，以及为抗疫做出贡献的全体天津市民加油（吴迪 摄）

◀ 2020 年，张伯礼与海外专家进行视频连线，介绍中国抗疫经验，分享中国"药方"（谷岳 摄）

▼ 2022 年 1 月，天津市市区两级机关干部持续下沉到社区，协助把好安全防疫关卡（吴迪 摄）

▲ 2022 年 1 月 21 日，在天津第一批发现奥密克戎感染者的小区，数十名志愿者"大白"给封控区内的居民配送生活用品（张磊 摄）

▶ 2022 年 4 月，中建三局 69 名天津建设者火速驰援国家会展中心（上海）方舱医院建设，项目团队借鉴"火神山"建设经验，缩短了建设工期（图片由中建三局总承包公司提供）

补齐短板与风险防范

▲ 2020 年 6 月 6 日，东丽区金钟街道与河北区建昌道街道举行兴河园社区党群服务中心交接仪式，困扰居民多年的"飞地"问题终于解决。图为兴河园社区（吴迪 摄）

◀ 兴河园社区面貌（吴迪 摄）

2020 年 10 月，河东区城管委联合相关企业，为上杭路街道"插花地"刘台片区居民解决生活用气问题（吴迪 彭娜 摄）

2012 年，天津农口区县蔬菜种植基地相继建立农产品质量安全追溯系统。图为青水源有机蔬菜种植基地工作人员正在对蔬菜进行采样检验（刘玉祥 陈立兴 摄）

2017 年 6 月，河东区市场监管局食品安全日常监管"巡更"系统投入使用，不仅可以规避被监管主体因分布不均导致监管遗漏的情况，也可以更加规范及时准确地提交被检查者的相关信息，加固食品安全"防火墙"（吴迪 刘泽瑞 摄）

2018 年 2 月，河北区市场和质量监督管理局在全区多个市场内建立 12 个快检室，对日常销售的蔬菜、肉品、水产品等食用农产品进行快速检测，为百姓的食品安全保驾护航（吴迪 霍宇辉 摄）

◀ 2013 年，韩家墅农产品批发市场农产品检测检疫中心投入使用，确保市场经营的农产品质量安全（刘玉祥 付建柱 摄）

▼ 2018 年 2 月 13 日，为保障群众春节期间远途出行安全，天津市交管部门联合 120 急救中心、相关医疗机构、高速公路集团及"金汇通航"，首次使用直升机进行空中巡查与应急救援演练（赵建伟 戴武权 杨林 摄）

2021年10月19日下午，"砺剑-2021"天津市危险化学品特别重大爆炸事故综合应急演练开始，对多种危化品泄漏的应急处置、火灾扑救、伤亡人员的紧急救治与转移、交通临时管制、道路桥梁抢修抢通、企业员工及周边群众应急疏散与安置、社会面控制、京津冀应急资源的调配及使用等内容，进行了重点演练（马成 摄）

2014年12月12日，南水北调中线工程正式通水，12月27日，引江水进入天津市。图为静海区静海镇大河滩村65岁的胡学艳一家高兴地喝上引江水（刘玉祥 摄）

2021年12月，中建六局水利水电公司南水北调中线工程宝坻引江供水进水池、泵站等地下建筑物施工完成，标志着项目主体结构全部封顶（张磊 摄）

# 精准脱贫攻坚战

小康路上一个也不能少。

从 2013 年至 2020 年，天津市先后开展了两轮结对帮扶困难村工作。特别是2017年8月，在圆满完成上一轮结对帮扶工作的基础上，结合天津到 2020 年全面建成高质量小康社会的目标，又启动了新一轮结对帮扶困难村工作。全市 789 家单位的 2095 名干部，组成 688 个工作组，精准确定 1041 个相对困难村作为帮扶对象。截至 2020 年底，1041 个困难村全面达到"三美四全五均等"帮扶目标，即村庄、环境、乡风"三美"，产业带动、转移就业、水电供应、户厕改造"四个全覆盖"，教育、医疗、住房、社保、便民服务"五个城乡均等化"。结对帮扶工作得到了广大农村基层干部和群众的认可，为全面实施乡村振兴战略打下了坚实基础。

在东西部扶贫协作和对口帮扶的过程中，天津坚持模式创新、成果出新，用心用情拓展扶贫效应，提供"天津智慧"、贡献"天津力量"，助力甘肃、河北承德、新疆和田、西藏昌都、青海黄南 5 省区 50 个结对贫困县脱贫"摘帽"，335 万贫困人口全部脱贫。

在受援地，虽跨越山河，但那镌刻着温度和力度的"天津足迹"依旧鲜活清晰，那凝聚了心血与汗水的"天津模式"依旧深入人心："金点子"落地生"金"，引来的"活水"润泽了乡里乡亲，架起的"桥梁"打通了脱贫"最后一公里"，创出的"品牌"成了"金字招牌"……万千百姓因此叩开了通往富裕的幸福之门。

承德

东西部扶贫协作与对口支援

▲◀ 2017 年，天津市帮扶承德市"百万只优质肉羊产业化扶贫项目"，通过入股分红、寄养托管、投母收羔、订单采购、入企就业五种产业模式，带动当地农民脱贫增收（蒲永河 摄）

2017 年，天津市和承德市建立了东西部扶贫协作关系，西青区张家窝镇和承德市小寺沟镇结成了帮扶对子，小寺沟镇凤山新村的贫困户王振通过种葡萄当上"小老板"，生活水平大为提高（蒲永河 摄）

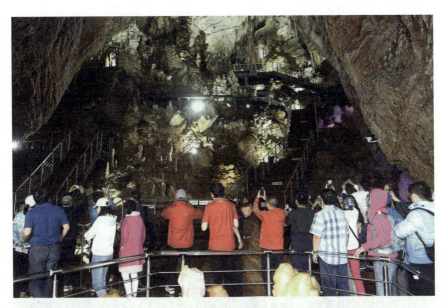

2019 年，天津市对口帮扶承德市兴隆县发展原生态旅游产业，带动了该县旅游经济的快速发展。漂亮、整洁、服务齐全的兴隆溶洞景区成为京津冀观光旅游的好去处（刘玉祥 摄）

2017 年，天津市与承德市围场满族蒙古族自治县共同谋划实施了小滦河水源地保护项目，为湿地公园的建设提供了大力帮助（蒲永河 摄）

2019 年，天津小站稻引进到承德市隆化县湾沟门乡，带动村民脱贫致富（蒲永河 摄）

▲▶ 2017 年，武清区与承德市围场满族蒙古族自治县开展结对帮扶工作，用足用好光伏产业政策，为当地产业发展集聚源头活水，为村民生活带来新的希望（董鑫 摄）

2017 年底，武清区结对帮扶甘肃省平凉市泾川县，图为泾川县太平镇盘口村焕然一新的村容村貌（董鑫 摄）

2019 年 6 月，甘肃省庄浪县盘安中心小学的学生在南开大学"公能"素质教育发展教室内开展机器人操作主题课外活动（图片由天津市合作交流办提供）

2020 年，宁河区把帮扶甘肃省榆中县劳务协作作为工作重点，推进线上线下招聘和技能培训班，为企业用工和榆中县贫困劳动力求职搭建起桥梁（刘玉祥 田雨宸 摄）

2020 年 11 月 26、27 日，甘肃泾川县高平中学连续停电两天，武清区杨村第十二中学支教教师郭洁丽和学生们一起，穿着厚厚的棉衣，点着蜡烛在班里上晚自习（图片由天津市合作交流办提供）

2018 年，西青区利用帮扶资金为甘肃省景泰县红水镇红砂岘村购置奶骆驼，不断扩大养殖规模，带动就业。村民冉国民在这里就业后月收入 3000 元（曹彤 摄）

2020 年，天津市向甘肃捐赠微医流动医院（图片由天津市合作交流办提供）

2020 年，和平区青少年宫邀请对口帮扶的甘肃省舟曲县教育系统师生来津开展"快乐体验"教育帮扶交流活动，开展机器人、泥塑、书法等教学方面的互荐互学（吴迪 付昱 摄）

近年来，武清区在甘肃省平凉市静宁县红旗村吕河投资建成产业扶贫蔬菜大棚示范基地，辐射带动红旗、甘河、靳寺等 7 个村的贫困户增收（董鑫 摄）

甘肃省庆城市卅铺镇二十里铺村利用南开区的帮扶资金建成香菇种植"扶贫车间",为贫困户提供就业岗位。村民栗小卷在对口帮扶中学习到种植技术,在种植基地就业后月收入2000多元(曹彤 摄)

在津南区结对帮扶下,康生旺大爷利用甘肃省非遗项目彩陶发展工艺品生产(曹彤 摄)

藏族大姐苗曼高凭借藏家刺绣专长,在甘肃省甘南藏族自治州卓尼县天津援助的"巾帼扶贫车间"就业,年收入可达2万多元(曹彤 摄)

▼ 2020年,武清区对口帮扶项目——甘肃省平凉市泾川县太平镇盘口村设施蔬菜园区(董鑫 摄)

2016 年以来，天津对口支援青海省易地搬迁项目以"党建领航 + 文化旅游 + 精准扶贫 + 乡村振兴"的发展思路，使尖扎县德吉村实现了从贫困村到"网红景点"的转变（蒲永河 摄）

2021年开始的"黄南天津班",力争用几年时间,既培养一批优秀黄南学生,也带出一批本地优秀教师(图片由天津市对口支援青海省黄南藏族自治州工作前方指挥部提供,以下简写为天津援青前指提供)

2021春雨工程"滨海名家进黄南"文化交流展演活动(图片由天津援青前指提供)

2020 年，青海省黄南藏族自治州的孩子们在春游（蒲永河 摄）

2021 年，青海省黄南藏族自治州泽库县麦
秀镇多隆村"美丽乡村"建设项目（图片
由天津援青前指提供）

人畜饮水工程实施前，黄乃亥乡的村民要耗时1小时从取水点把水背到家（资料图片）

▶ 2019年，天津援建的青海省黄南藏族自治州同仁市黄乃亥乡人畜饮水工程，从根本上改变了全乡吃水难、供水难的困境（图片由天津市合作交流办提供）

▼ 2021年10月，天津"名医进黄南"大型义诊活动启动仪式（图片由天津援青前指提供）

"十三五"期间，天津企业"瀞度"发放扶贫款，助力青海省黄南州河南县摘帽脱贫（图片由天津援青前指提供）

▶ 近年来，天津通过产业帮扶和消费帮扶，让青海省黄南州的特色产品黄果梨饮料走出青海（蒲永河 摄）

▼ 近年来，天津大力扶持青海省黄南藏族自治州泽库县有机畜牧业产业园，孵化出许多致富"新产业"（王津 摄）

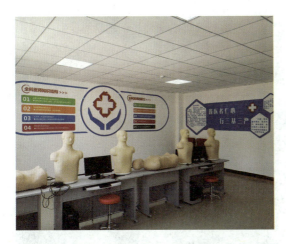

2020 年天津援建青海的全科医师培训基地（图片由天津援青前指提供）

▲ 2020 年，天津援青医生对泽库县新生儿进行口对口人工呼吸和心肺复苏，抢救难产新生儿。"天使之吻"创造生命奇迹（图片由天津援青前指提供）

2022 年天津援建的青海省黄南州尖扎县万头猪场项目（图片由天津援青前指提供）

▼ 2019 年，天津投资 1 亿元援建的黄南州职业学校新校区，投入使用后该校成为青海省规模最大、设施最完善的职业院校之一（图片由天津援青前指提供）

西藏昌都锅庄舞展演（尉迟健平 摄）

2019 年 8 月，西藏昌都市第五届三江茶马文化艺术节开幕式（尉迟健平 摄）

2020年，武清区为西藏昌都江达县东风村投资150万元，建成藏式针织厂，为当地手工艺产业补上了缺口（董鑫 摄）

2019年，天津援藏干部在西藏昌都市贡觉县沙东乡金沙江畔山顶，向当地村民做易地扶贫搬迁的思想工作（图片由天津市合作交流办提供）

2018年，静海区聚集社会资本援建西藏昌都卡若区卡若镇现代农业生态园，卡若的村民们学到了技术，提高了收入，还实现了当地人吃当地菜的梦想（蒲永河 摄）

2020 年 10 月 19 日，"新时代·新昌都·新辉煌——昌都解放 70 周年成就展"在天津博物馆开幕，展出天津支援西藏昌都建设的显著成果

◄▼ 2020 年 10 月，天津鞍山道小学迎来西藏昌都市实验小学 7 名师生的学访活动（谷岳 摄）

西藏昌都市江达县县城东部的岗
托镇岗托村，是西藏第一面五星
红旗升起的地方（董鑫　摄）

197

近年来，在天津对口支援帮助下，西藏昌都市江达县易地搬迁的卡贡村坐落在 317 国道旁，彻底解决了藏族同胞出行难的问题（董鑫 摄）

▲ 2020 年，西藏昌都市丁青县协雄乡穹娜村村民欧嘎次仁在自家屋顶欣赏美丽的新村（张立 摄）

◀ 2020 年，在西藏昌都市江达县易地搬迁安置点天津新村新林社区，新居中的德青（女）即将迎来自己的小宝宝（张立 摄）

2020 年 9 月，"我们的中国梦·中华文化耀和田"暨"春雨工程"天津市文化志愿者边疆
行慰问演出，在新疆和田墨玉县"大舞台"举行（图片由天津市合作交流办提供）

2019 年，新疆和田地区足球"小巴郎"（维吾
尔语"孩子"的意思）受邀到天津现场观看中
国足协杯比赛（图片由天津市合作交流办提供）

2021 年，天津援疆和田策勒工作组联合津南区
文旅局、策勒县教育局，组织策勒县各学校 40
名学生和老师代表，赴津开展研学交流活动（图
片由天津市对口支援新疆工作前方指挥部提供，
以下简写为天津援疆前指提供）

2021 年 10 月 11 日，"新疆是个好地方 情牵丝路馕飘香"新疆馕产业推
介会暨特色农产品交易会在天津梅江会展中心举办（刘玉祥 潘立峰 摄）

2019 年，天津金三农农业科技开发有限公司精准帮扶新疆和田策勒县固
拉合玛乡阿克依来古村等村贫困户脱贫，取得良好成效（刘玉祥 孙茜 摄）

▶ 2021 年，天津援建 VR 思政
课教室落地新疆和田策勒县
部分中小学（图片由天津援
疆前指提供）

▼ 近年来，天津援疆创新乡村
振兴模式，打造于田"百万
多胎肉羊"项目（图片由天
津援疆前指提供）

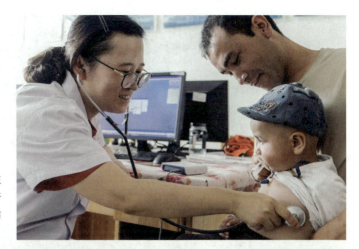

2021 年，天津援疆医生为新疆和田地区儿童进行医疗诊察（图片由天津市合作交流办提供）

2019 年 1 月 14 日，天津市第九批援疆干部席世明在多日连续加班后突发出血性脑卒中病逝，年仅 43 岁。得到过席世明资助的"小石榴"（左）还不到两岁，一提起席叔叔，也会神情落寞（周伟 摄）

2017 年 8 月，席世明怀抱三个月大的"小石榴"（息明亮 摄）

2019 年，工人们在席世明引进的新塔西纳纺织技术有限公司工作（周伟 摄）

天津在新疆策勒县援建的综合性民族团结教育基地（图片由天津援疆前指提供）

天津在新疆策勒县援建的津和数字电子产业示范区（图片由天津援疆前指提供）

结对帮扶与城乡一体化发展

▲ "十三五"期间,滨海新区结对帮扶,建成大港小王庄镇东湾河村年出栏六万头生猪养殖项目(刘玉祥 摄)

▶ "十三五"期间,津南区前进村在市对口帮扶下,发展乡村旅游,建设村老年人服务中心等设施,增加了村民的收入和幸福感(刘玉祥 摄)

近年来,静海区结对帮扶困难村,区内北刘村村容村貌得到明显改善(刘玉祥 摄)

静海区梁头镇辛庄子村在市高级人民法院帮扶下新修建了文体广场，成立了太极表演队，丰富了村民文体生活（刘玉祥 摄）

2020 年，天津职业大学艺术工程学院实践队到对口帮扶的宝坻区艾杨各庄村，邀请当地小朋友一起体验墙绘的乐趣（谷岳 摄）

▲ 田水铺村民正在自家的大棚收获萝卜（董鑫 摄）

▼ 2013 年开始，中国天津国际经济技术合作集团公司对武清区大良镇田水铺村进行驻村帮扶，先后投入 220 万元帮助村里发展温室大棚萝卜种植（董鑫 摄）

近年来，市委统战部驻武清区河北屯镇西楼村、东苏庄村帮扶工作组全力落实各项帮扶目标。图为西楼村文化活动室（董鑫 摄）

在河北屯镇，市委统战部帮扶工作组集中力量完成了路面硬化、街道亮化、环境美化、安装监控、自来水管网改造、改建扩建村委会办公场所等多个民心工程（董鑫 摄）

从结对帮扶困难村，到努
力摘下"穷帽子"，西青
区辛口镇第六埠村走出了
绿色产业与红色旅游融合
发展的新路，昔日千亩苇
地改造成稻田，增加了村
集体收入（刘玉祥 摄）

西青区辛口镇第六埠村利用区域河道优势打造
新的水上观光游项目（刘玉祥 摄）

西青区辛口镇第六埠村引种莲藕新品种喜获丰
收（刘玉祥 摄）

静海区杨成庄乡宫家屯村位于团
泊洼水库西岸，有着 600 多年历
史。近年来，村"两委"班子团
结带领党员群众深挖红色资源、
发展绿色产业，探索出了一条
"红"＋"绿"的乡村振兴特色
发展之路。图为 82 岁的老党员
徐宝章在参观展览（曹彤 摄）

▶▼ 2019 年 3 月 25 日，滨海新区潮音寺举办"京津冀非遗文化邀请展"（王涛 摄）

▼ 为迎接文化和自然遗产日到来，2019 年 6 月 5 日，第五届京津冀非物质文化遗产联展在天津美术馆开展。图为非遗展上小讲解员在宣讲（赵樊汐 摄）

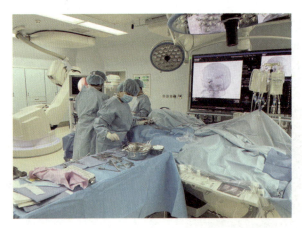

2021 年 7 月 13 日，天津市环湖医院联合北京协和医院、北京同仁医院、天津医院多学科专家，共同进行了一例颅骨骨化纤维瘤合并颈内动脉瘤手术。此为国内首例，凸显了多学科协作的强大优势（图片由天津市环湖医院内镜颅底外科中心提供）

2018 年，天津港保税区社保中心全力推动跨省异地联网就医工作（王涛 摄）

2018 年 2 月，天津市肿瘤医院启动"智慧医院"服务，不但方便天津患者，也使北京、河北、内蒙古和东北地区等地来津治疗的患者体验到天津医疗改革的成果（王倩 摄）

2016 年 1 月 26 日，天津市肿瘤医院与唐山市医疗保险事业局签订异地转诊定点医院服务协议。图为唐山市民梁女士带着患病的母亲在天津肿瘤医院挂号看病（王倩 摄）

# 污染防治攻坚战

环境就是民生，青山就是美丽，蓝天也是幸福。党的十八大以来，天津深入贯彻落实习近平生态文明思想，把生态文明建设摆在全局工作的突出位置，积极回应人民群众所想、所盼，调结构、补短板、打基础、强弱项，坚决打好污染防治攻坚战，铁腕治污决心之大、力度之大前所未有，百姓享受到更多更好的蓝天白云。

到 2020 年，三年污染防治攻坚战圆满收官，全市 PM2.5 浓度下降 22.6%，全年空气优良天数增加 36 天，重污染天数减少 12 天，全市生态环境实现总体性、历史性、突破性好转。

近年来，天津借鉴浙江"千万工程"，坚持"示范先行、以点带面"，启动实施"百村示范、千村整治"工程，创建农村人居环境整治示范村（第一批）150 个；按照"六化六有"的标准，建设美丽村庄 1041 个。

2018 年，天津制定实施《农村人居环境整治三年行动实施方案》，大力整治生活污水和生活垃圾，开展"厕所革命"，补齐农村基础设施短板，改善了生活环境，还乡村最美底色。三年时间，天津实现了污水处理设施配套、垃圾收运设施配套、户用卫生厕所三个全覆盖，引领乡村建设从村容整洁向生态宜居转变。

蓝天碧水净土保卫战

北运河与子牙河交汇之处（张凡 摄）

彩虹下的水上公园（孙少华 摄）

深秋时节的蓟州环秀湖国家湿地公园
（王广山 摄）

2021 年 4 月，到五大道欣赏海棠花的游客络绎不绝（吴迪 摄）

2021 年清明节小长假，天津天气晴好，春光明媚（胡凌云 王英浩 摄）

中心城区与滨海新区之间的双城绿色生
态屏障（王津 摄）

天津着力推进生态环境治理，突出依法、科学、精准治污，空气质量持续向好。图为蓝天白云下的海河两岸（吴迪 摄）

2021 年，天津市生态环境科学研究院积极探索大数据、人工智能等技术在大气污染防治中的应用，开发了"事前及时发现、事中精准分析、事后精确管控"的智能化站点空气质量精细化管控平台（吴迪 摄）

▶ 2017 年 3 月 22 日，市水务局在宝坻潮白河国家湿地公园举办"全面落实河长制推进生态文明建设"主题宣传活动启动仪式，进一步增强市民保水、护水、惜水、节水意识（张磊 摄）

▼ 碧水蓝天，白云万里（吴迪 摄）

▲ 2021 年，天津送变电公司员工在静海环保园 110 千伏出线工程开展跨越施工作业，该工程对于静海区大气污染治理具有重要意义（张磊 胡浩 摄）

◀▼ 2020 年 11 月，天津市西青生活垃圾综合处理厂 PPP 项目首车垃圾进场，标志着该项目具备投运条件（刘玉祥 袁忠清 摄）

2013 年，北辰区双街村
建成漂亮整洁的公共厕所
（刘玉祥 摄）

2014 年 6 月，在美丽乡村建
设中，北辰区后丁庄村不仅
将村中路面全部硬化，道路
两侧新植各种观赏树种，还
新增了 8 座漂亮整洁的水冲
式公厕，环境面貌焕然一新
（刘玉祥 林少臣 摄）

2019 年，西青区加大实施村级
公厕提升改造。图为杨柳青镇
白滩寺村建成漂亮整洁的新型
公厕，有水冲、手盆、婴儿躺
床等设施（刘玉祥 袁忠清 摄）

2021年，红桥区成功创建国家卫生区，重点场所卫生管理不断加强，市容环境面貌明显改善，城区环境更加生态宜居。图为桃花园小学学生在社区参加创卫活动（图片由红桥区委宣传部提供）

天津西站（图片由红桥区委宣传部提供）

2019年5月17日，东丽区华新街道开展"双创我先行 健康又文明"健步行活动，组织机关社区干部、志愿者等在辖区弘贯东道开展健步行活动，并在华新第一菜市场前开展创文创卫宣传活动（韩弈 摄）

2020 年 12 月 28 日，"环保迎新年、垃圾分类新风尚"迎新年互动联欢活动，在东丽区军粮城街道和顺东园社区举行（翟鑫彬 摄）

2020 年 12 月 1 日，东丽一幼开展"垃圾分类 从我做起"主题教育活动，鼓励小朋友积极参与垃圾分类实践，倡导从我做起、从小做起的环保新风尚（翟鑫彬 摄）

2020 年，西青区精武镇付村投用的智能垃圾箱，具有满桶报警、超重报警、超温报警等功能（刘玉祥 摄）

南开区以改善生态环境、建设美丽家园为目标，以开展市容环境综合整治为载体，补齐软硬件短板，夯实管理基础，完善城市功能，使全区市容环境显著改善（王英浩 摄）

▶ 南开区社区工作者、党员、志愿者共同清整环境（王英浩 摄）

▼ 近年来，和平区五大道街文化里社区完善楼栋组织建设，加强志愿服务，强化网格化服务管理，创新社区"望闻问切"工作法，开展精品社区创建工作（付昱 摄）

# 后　记

　　《全面建成小康社会天津影像记》是按照中共中央宣传部统一部署，由中共天津市委宣传部组织，天津海河传媒中心具体负责完成。本书以天津为取景框，以新闻图片为基本元素，生动展示党的十八大以来，天津紧紧抓住全面建成小康社会的攻坚期，在以习近平同志为核心的党中央坚强领导下，深入践行习近平总书记对天津工作提出的"三个着力"重要要求，统筹推进经济建设、政治建设、文化建设、社会建设、生态文明建设和党的建设，全面建成高质量小康社会，开启社会主义现代化大都市建设新征程的鲜活实践，取得了扎实成效。

　　"民亦劳止，汔可小康。惠此中国，以绥四方。"两千多年前《诗经》的这一咏唱，承载了中华民族朴素而执着的梦想，也倾注了一代又一代仁人志士的艰辛探索。只有中国共产党人登上历史的舞台，以人民心为心、以家国梦为梦，才让国家的面貌、民族的气象焕然一新，百年风华成就千年梦想，创造了亘古未有的人间奇迹，取得了全面建成小康社会的决定性胜利。

　　全面小康，海河见证。在逐梦筑梦圆梦的历程中，天津人民在中国共产党的坚强领导下，大力发扬历史主动精神，自觉服从服务全国一盘棋，以高标准高质量推进全面小康建设，特别是在决战决胜的重要关口，知重负重、苦干实干，同心同德、共建共享，津沽大地取得了历史性成就、发生了历史性变革，海河儿女展现出良好的精神风貌。

　　为小康存照，给幸福定格。小康的故事，是我们每个人的故事。《全面建成小康社会天津影像记》是一部纪录天津全面建成高质量小康社会的影像记，也是一幅展现新时代海河儿女踔厉奋发、追求卓越、畅享美好生活的新图景；是影像版、形象化的城市简史，也是生动呈现小康质感、生活色调的民情日记。本书图片均为新闻照片，绝大部分来自天津海河传媒中心所属《天津日报》《今晚报》、津云新媒体集团的摄影记者和通讯员，绝大多数已经在报刊网络上公开发表。作为新闻记者，我们有幸赶上这个伟大的时代，有幸纪录当下已经发生和正在发生的伟大变迁，有幸见证和参与全面建成小康社会的历史性壮举，尤其有幸留存这些奋斗的画面、感人的面孔、圆梦的故事，让一瞬成为永恒、让历史永远长青。

　　本书编写期间，市委宣传部领导同志全程指导，从政治站位、政治导向的高度提出明确要求，在框架结构、内容组织、文字润色等方面给予悉心指点和大力帮助。天津海河传媒中心《天津日报》编辑部负责图片集纳和文字撰写，天津人民出版社精心编校内容、设计版式、印制出版。天津海河传媒中心陈奇、刘欣、刘筝、马成、王耀强、杨斌、李艳辉，天津人民出版社王康总编辑和韩玉霞、李佩俊编辑，承担了大量的组织推动和编辑校对工作，在此一并表示感谢！

　　因时间和水平所限，书中还会有一些瑕疵和欠妥之处，敬请读者批评指正。

本书编写组

2022 年 5 月